다시 불길로 타오르게 하라

다시 불길로 타오르게 하라

해리 L. 리더 지음 | 송영일 옮김

다시 불길로 타오르게 하라

초판 1쇄 발행 | 2004년 5월 6일
초판 2쇄 발행 | 2004년 6월 11일

지은이 | 해리 L. 리더, 데이브 스워블리
펴낸이 | 김명호
기획 책임 | 김건주
교정 교열 | 조사라
마케팅책임 | 김석주

옮긴이 | 송영일
펴낸곳 | 도서출판 국제제자훈련원
편집 책임 | 주명석
표지 · 본문 디자인 | 국제제자훈련원 디자인실

등록번호 | 제22-1240호(1997년 12월 1일)
주소 | (137-865) 서울 서초구 서초1동 1443-26
e-mail | dmipress@sarang.org **홈페이지** | www.discipleN.com
편집부 | 3489-4310 **영업부** | 3489-4300 **팩스** | 3489-4309

값 7,000원
ISBN 89-5731-031-2 03230

● 독자의 의견을 기다립니다.

차례

들어가면서 (7

01 교회 재활성화의 불가피성 (15

02 교회 재활성화를 위한 성경적 패러다임 (37

03 하나님의 은혜의 복음 (65

04 기도 (91

05 말씀의 사역 (117

06 리더십 계발 (141

07 사명과 비전 (171

08 지상명령 제자훈련 (195

맺는 글 (220

들어가면서

신학교를 졸업하고 이제 막 목회 사역을 시작했다고 상상해 보자. 당신을 청빙한 교회는 왕년에는 그 지역에서 가장 크고 가장 빠른 속도로 성장하는 교회 중 하나였다. 교인이 거의 900명까지 출석했고, 대예배 4부에 활기가 넘치는 주일 학교 프로그램도 있었다. 독창적이고 효과적인 사역들, 혁신적인 청년부 프로그램, 그리고 세계 선교에 대한 열의가 대단해 유명한 교회였다.

그런데 25년이 지난 지금, 주일 아침 예배 출석 교인은 평균 50명 미만이다. 어린이 주일 학교는 4, 5명으로 떨어졌다. 주일 학교 아이들의 부모 가운데 교회에 출석하는 사람은 한 명도 없고, 교인 평균 연령은 69세이다. 33세인 당신이, 당신 부인과 아이들을 빼면 교인들 가운데서 가장 젊은 사람이다. 주일 저녁 예배는 이미 포기했고, 수요 기도회에 4명이 나오면 그 주는 아주 많이 나온 경우에 속한다. 반교회주의(vandalism) 활동들이 교회 주변에서 잇따라 이루어지고 있고, 선교와 구제를 위한 지출은 최소 수준에 머물러 있다.

이 교회에서 이제 막 첫 주를 시작하는 당신에게 교단 총회에서 전화를 걸어 이런 말을 한다. "저희는 교회성장위원회인데 우리 제안을 한번 고려해 보시면 좋겠습니다. 이제 막 부임하신 것도 알고 있고, 이곳이 첫 목회지라는 것도 알고 있습니다만, 그 교회 건물과 재산을 매각하는 문제를 교인들과 한번 논의해 보시지요. 매각 절차를 밟아 어디 다른 곳에 교회를 다시 개척하는 방안을 한번 고려해 보셨으면 합니다."

"뭐라고요?"

"그 교회가 문을 닫았으면 한다는 말씀입니다. 우리는 10년 전부터 그 교회가 문을 닫는 것에 대해 고려해 왔습니다. 목사님이 그곳에 계시니, 교인들을 설득해 교회 문을 닫는 게 어떠신지 의향을 묻는 것입니다." 이어서 그 사람은 당신 전에 거쳐 간 네 명의 담임 목사 가운데 두 명이 면직을 당했고, 나머지 둘은 엄청난 좌절감을 맛보고 떠났다고 말한다. 이 교회는 지난 5년 간 세 명의 목사가 거쳐 갔다.

바로 그 첫 주간 동안 당신은 또 다른 전화도 받았는데, 이번에는 이 교회에서 실패를 맛보고 떠난 직전의 담임 목사였다.

"우리 교단에 목사님 같은 분이 있다는 건 정말 기쁜 일입니다." 그는 말한다. "그리고 목사님이 이 지역에 오신 것도 기쁜 일입니다만, 솔직히 그 특별한 교회에 목사님이 오셨다는 소식을 듣고 제가 얼마나 걱정하고 있는지 말씀 드리지 않을 수가 없군요. 저도 그곳에서 목회를 했었지만, 목사님은 어디 다른 데서 목회를 하시는 게 좋을 것 같습니다."

"아니 그게 무슨 말씀입니까?" 당신이 묻는다.

"제가 확신하는데, 그 교회는 사탄의 표를 받은 교회입니다."

첫 주 동안 격려의 말이라고는 한 마디도 듣지 못했다!

시간이 좀 지나, 재정위원회가 당신에게 약속했던 사례비를 지급하기 힘들다고 통보해 왔다. 요 몇 년 동안 교회 재정이 어렵기 때문이란다.

당신은 주일 저녁 예배를 시작한다. 첫 주일 저녁에 15명이 출석했다. 이

점은 격려가 되는 듯하지만, 사실은 기운 빠지는 사실이다. 그 가운데 5명이 당신의 가족들이기 때문이다. 나머지 출석자 가운데 한 명은 장로인데, 그는 예배 시간 전에 당신에게 예배 후에 같이 식사나 하러 가자고 제안을 했던 사람이다. 그러나 당신은 냉장고를 고치러 수리공이 오기로 되어 있기 때문에, 예배 후에 바로 집에 가야 한다고 정중히 거절한다.

"이봐요, 목사님. 그냥 오늘 밤에는 나랑 저녁을 먹는 게 어떻겠소." 예배 시작 시간이 다 되었는데 그는 교회 앞에서 당신을 붙잡고 이렇게 말했다. "그 빌어먹을 놈의 냉장고 걱정일랑 마쇼."

첫 제직회에서 당신은 두 명의 장로가 번갈아 가면서 빠지고 있으며 이들에게 장로 자격이 없다는 사실을 알게 된다.

"내 생각에는 아무개가 장로가 되어야 해요." 한 사람이 말한다. "나는 그 사람을 추천합니다."

"그 사람 아직 우리 교회 교인 맞소?" 다른 사람이 묻는다.

대답은 "모르겠는데요"다.

"그 사람 요즘 교회 나와요?"

"아니요, 본 적 없어요. 그렇지만 그 사람 장로가 되면, 아마 나올 겁니다."

장로들을 조금씩 알아 가면서, 당신은 그들 가운데 절반가량은 아마도 주님을 모르고 있는 것 같다는 생각을 한다. 그리고 당신은 첫 한 달 만에 신실한 교인 둘을 잃는다. 한 사람은 이사를 가고 또 한 사람은 백혈병으로 죽는다.

신학교에서 그렸던 그림은 이게 아니었다. 이제 당신은 제대로 시작도 못해 보고 그만둘까 생각한다.

당신에게 상상해 보라고 했던 이 상황은 가상 시나리오가 아니다. 내가 마이애미 파인랜즈장로교회에서 첫 목회 사역을 시작했을 때 겪었던 실제 이야기이다. 그 교회는 한때 활기 넘치는 교인들과 효과적인 사역들, 그리고 회심자들이 그치지 않는, 불길이 활활 타오르는 그런 교회였다. 그런데 내가 그곳에 갔을 때는 겨우 불씨만 남아 있었다. 나는 하나님이 그 불씨를 다시 살려 불길을 일으키시는 것을 보고 싶었다. 그래서 하나님의 말씀을 뒤져 교회 재활성화에 적용하기 위한 성경적 원리들을 찾아냈다. 하나님의 은혜로, 우리는 그 원리들을 실제로 적용했다. 그리고 하나님의 은혜로, 우리 교회는 살아났다.

3년이 지나면서 우리 교회는 출석 교인이 평균 350명 이상으로 성장했다. 새로 교인이 된 사람들의 절반 이상은 회심하거나 그리스도께 다시 헌신한 사람들이었다. 회심자의 증가만큼이나 감사한 일은 원 교인 가운데서 단 한 가정만 그 재활성화 과정 도중에 다른 교회로 옮겼다는 사실이었다. 기성 교인들은, 자신들의 권리를 박탈당한다거나 빼앗긴다는 생각을 한 게 아니라, 교회의 사역에 대한 큰 관심과 우리 교회가 섬겼던 지역사회에 대한 새로운 비전을 가지고 주님이 하시는 일에 기뻐하면서, 파인랜즈장로교회에 일어나는 주님의 '새로운 일'에 중요한 일부로서 동참했다.

그 이후 나는 재활성화 과정을 통해 다른 교회를 섬길 수 있는 특권도 가졌다. 노스캐롤라이나 샬로트의 크라이스트커버넌트교회는 17년 동안 출석 교인 수가 38명에서 3,000명으로 늘었다. 주님은 또한 그 교회가 지역사회에 커다란 영향을 끼치는 것도 허락하셔서, 그 교회는 샬로트 일대에서 여러 가지 일들로 소금과 빛이 되었다. 우리는 그 지역에서 다섯 개의 새로운 교회들을 시작하는 일에도 정성을 쏟았다. 그리고 전 세계의 수많은 선교 사역들을 지원하고 또 그것에 참여하는 특권도 얻게 되었다.

물론, 모든 교회가 크라이스트커버넌트교회처럼 그렇게 큰 교회로 성장하는 것은 아니다. 그렇지만 성공적인 교회는 그 교회를 통하여, 그리고 그 교회 안에서 눈에 보이는 여러 가지 방식으로 성령이 일하시는 것을 틀림없이 경험하게 될 것이다. 그리고 나는 그 교회가 진정으로 하나님의 것이라면, 교회의 건강에 대한 성경적 원리들을 지혜롭게 적용할 때 재활성화가 가능하다고 확신한다. 당신은 이 책에서, 우리 주님이 어떤 교회든지 취하셔서 "꺼져가는 불씨를 다시 살려 불길을 일으키시는" 성경의 원리와 지혜들을 배우게 될 것이다.

(01)
교회 재활성화의 불가피성

The Necessity of Church Revitalization

저 위대한 사도에 의해 시작된 교회들의 일부가
한 세대도 지나지 않아서 재활성화가 필요한 교회가 되었다고 한다면,
이것이 오늘날 똑같이 일어난다고 해서 놀랄 까닭이 있겠는가?
바울의 교회들이 쇠퇴의 고통을 겪었다면,
우리의 교회가 지금 역시 고통을 당하고 있다는 것에
부끄러워하거나 그 사실을 인정하기를 꺼려서는 안 될 것이다.

01) 교회 재활성화의 불가피성

하나님의 사람들에게는 교회 재활성화를 위한 성경적 전략이 필요하다. 지금 우리 가운데 너무나 많은 사람들이 재활성화가 필요한 교회의 일원이고, 또는 앞으로 그렇게 될 수도 있는 교회의 일원이기 때문이다. 다음 정보들을 읽어 보라.

- 북미 전체 교회의 약 95%가 출석 교인 100명 미만의 교회이다.[1]
- 미국 교회의 80~85%가 정체되어 있거나 쇠퇴하고 있다.[2]
- 미국에서는 해마다 3,500~4,000개의 교회가 사라진다.[3]

라일 쉘러(Lyle Schaller)는 그의 책에 이렇게 썼다. "한 주에 평균 50~60

개의 미국 개신교 교회가 해산을 결정한다. 반면 교회의 역할을 재정비할 능력과 의지가 있는 교회는 그 중 5~10곳 정도이다."[4] 그리고 남침례교의 교회 성장 연구 전문가 커크 해더웨이(Kirk Hadaway)는 이렇게 말했다. "대부분의 미국 교단의 전통 교회들의 교인과 출석 교인 숫자가 정체되어 있거나 감소하고 있다. 급성장을 보이는 교회는 극히 드물고, 반면에 오래된 교회일수록 '정체와 쇠퇴는 법칙이고, 성장은 보기 드문 예외이다' 라는 패턴이 적나라하게 드러난다."[5]

내가 소속해 있는 교단인 미국장로교회(PCA-Presbyterian Church in America)는 미국에서 가장 빨리 성장하고 있는 교단이다. 이 교단의 통계를 보면 그 사실을 알 수 있다. 지난 1년 사이 미국장로교회에서는 28개의 새로운 교회를 개척했는데, 이 수치는 다른 대부분의 교단들보다 높은 것이다. 그러나 이 통계를 더 자세히 살펴보면, 같은 해에 24개 교회가 '해산'했다는, 즉 문을 닫았다는 사실을 발견할 수 있다. 따라서 미국장로교회의 연간 '실제 성장'은 4개 교회일 뿐이다. 이것이 미국에서 가장 빠르게 성장하고 있는 교단의 현실이라면, 그밖에 다른 많은 교단들이 직면하고 있는 어려움은 어떻겠는가!

너무나 많은 교회들이 스스로 '병들거나' '죽어 가는 것' 이 불가피하거나 필연적이라고 생각하고 있지만, 나는 이런 생각에 동의하지 않는다. 이 책에서 다루게 될 원리들은 목회자와 평신도들이 교회 안에서 참된 성장의 불길을 되살리도록 도움을 줄 것이다. 그리고 이 원리들은 또한 현재 건강한 교회들에게도 그들이 끊임없이 갱신의 은혜를 체험하지 않으면 반드시 쇠퇴하고 말 것이라는 예방 조치로서의 도움을 줄 것이다. 그렇지만 우리는 치료법을 배우는 단계로 들어가기 전에, 먼저 진단부터 해야 할 것이다.

병든 교회에 나타나는 증상들

교회가 죽어 가거나 쇠퇴해 갈 때에는 어떤 일이 일어날까? 교회가 무능력과 낙심에 빠져드는 것을 막기 위하여 피해야 할 것에는 무엇이 있을까? 교인이나 재정의 감소 같은 것들도 물론 이러한 증상일 수 있다. 그러나 재활성화가 필요한 교회에서 발견하게 되는, 분명하게 드러나지 않는 다른 증상들도 있다.

프로그램에 의존한다

죽어가는 교회는 프로그램에 초점을 맞추는 경향이 있다. 도박꾼이 한판을 기대하는 것처럼, 이런 교회들은 '교회를 확 바꿀' 프로그램을 기대한다. 이들은 가장 최신의 사역 방법이나 포장만 된 채 아직 시중에 나오지도 않은 교회 성장 매뉴얼에 성패를 건다. 그리고 이들은 교회의 건강을 프로그램에 참여한 사람 숫자나 그 사람들이 받은 인상으로 평가한다. 사실, 교회에 도입해 볼 새로운 프로그램을 찾기 위해서 이 책을 읽는 사람들이 있다고 해도 나는 그리 놀라지 않을 것이다. 물론 그런 사람들이 있다면, 아마 실망하게 될 것이다. 이 책은 주님이 그 몸 된 교회에 생명을 주시기 위하여 사용하시는 원리들을 담고 있다.

이 차이점은 매우 중요하다. 왜냐하면 어떤 프로그램이 성공하면 사람들은 성공의 원인을 그 계획의 효과나 개발자의 지혜에서 찾기 쉽다. 그리고 실패하면, 또 다른 프로그램을 찾아 '이번에는 제대로 되겠지' 하는 희망을 가져 보기도 한다. 그러나 하나님이 말씀을 통해 우리에게 주신 원리들을 실행하여 건강과 성장을 경험한다면, 모든 영광은 오로지 하나님께 돌려야 한다. 그리고 만약 그러한 원리들이 '제대로 돌아가지' 않는 것처럼 보인다면, 우리는 그것이 하나님의 실수가 아님을 알고 우리가 더 잘 이해하고 실행해야 하는 것이 무엇인지 찾기 위하여 성경으로 다시 돌아가야 할 것이다. 다음 장에서 더 자세하게 논의할 것이지만, 우리는 재활성화를 위한 새로운 모델을 기대해서는 안 될 것이다. 하나님은 이미 말씀 안에서 우리에게 모델을 주셨으며, 우리는 그것을 더욱 자세하게 배워야 할 것이다.

향수에 빠져 있다

죽어 가는 교회는 종종 과거에 산다. 교회가 목회자를 청빙할 때 그가 그 교회를 앞으로 나아가게 하리라는 희망이 아니라 다른 희망을 가지고 있는 경우가 사실 많이 있다. 오히려 사람들은 그 목회자가 자기네 교회를 옛날로 되돌려 놓으리라는, '그 영광스러운 시절'을 되찾을 것이라는 희망을 가지고 있다. 교회가 그들의 과거를 기억하는 것은 중요하다. 그러나 과거를 기억하는 것과 과거에 사는 것은 확실히 다르다.

몇 년 전 루이지애나에 있는 한 교회로부터 지도자 상담 요청을 받은 적이 있었다. 휴식 시간에 집사 한 사람이 그 교회 역대 담임 목사들의 초상화가 죽 걸려 있는 복도를 따라서 내게로 다가왔다. 1700년대에 설립된 교회였으니까 그 '명예의 홀'에는 꽤 많은 초상화들이 걸려 있었다. 그 집사는 우리가 따라서 걷고 있는 그 초상화의 인물들에 관하여 내게 일일이 설명을 해 주었다. 그러다가 어떤 한 사람의 초상화 앞에 이르렀을 때 그는 갑자기 걸음을 멈추고 잠시 엄숙한 침묵에 잠기는 것이었다. 다시 말문을 연 그는 비밀이라도 되는 듯 속삭이며 그 사람에 관하여 들려주었다. 그 초상화의 주인공은 20세기 중반쯤에 그 교회에 부임하여 25년간 목회를 한 사람이었다. 나는 그 복도의 바로 그 지점, 곧 그 목회자가 이끌던 바로 그때가 그 교회의 '그 영광스런 시절'이라는 것을 알게 되었다. 영원히 타오르는 촛불이 그 초상화의 양 옆에 곧 켜지지 않을까 싶을 정도였다!

그 교회 지도자들과 대화를 나누면서 나는 그 교회에서 현재 일어나고 있는 모든 일들이 과거에 의해 판단을 받고 있다는 것을 알게 되었다. 그래서 나는 결국 그들에게 이렇게 말하고 말았다. "지난날들이 그렇게 대단했다면 여러분은 지금 왜 그 모양입니까?"

나는 그들에게 빌립보서 3장 13절의 원리를 따르라고 권면했다. 여기서 바울은 "뒤에 있는 것은 잊어버리고 앞에 있는 것을 잡으려" 한다고 말했다. 다음 장에서 더 자세하게 논의하겠지만, 과거는 중요하고, 그리고 기념해야 한다. 그렇지만 행복했던 노스탤지어(추억)의 강이 불어나 현재를 쓸어버린다면 교회는 뒷걸음치다가 결국에는 무너지고 말 것이라는 사실을 깨달아야 할 것이다.

전통에 대한 지나친 강조는 과거가 교회를 따라다니면서 괴롭히는 또 하나의 방식이다. 내가 목회를 시작했을 때 파인랜즈장로교회에는 그 교회가 교인 수 900명이었을 때의 전통을 주창하는 50명의 사람들이 남아 있었다. 주일 대예배 시간에 포도탄(grapeshot, 옛날 대포에 쓰인 탄환으로 한 발이 작은 탄환 9개로 되어 있다-역주)을 난사해도 겨우 한 사람 맞힐까 말까 하는 형편에, 사람들은 아침에 꼭 2부 예배가 있어야 한다고 고집했다. 왜냐하면 그들에게는 2부 예배가 그 영광의 시절을 상징하기 때문이었다. 말하자면 2부 예배가 그 영광의 시절을 다시 회복할 것이라는 소망을 가지고 있었던 것이다.

특정한 기질의 리더십만 고집한다

죽어 가는 교회는, 그런 인물이 그 교회에 있건 없건, 특정한 인물에 의존하는 경향이 있다. 그들에게 강력한 지도자가 있다면, 무슨 일을 할 때든지 또는 어떤 결정을 내릴 때든지 그 사람을 바라본다. 그들이 목회자를 구하고 있다면, 그들은 자기네 교회를 성장시킬 성격 유형은 오로지 한 가지 뿐이라고 생각한다. 내게 이렇게 말했던 설교위원회가 기억난다. "'high D' 성격의 좋은 설교자만 구해 주신다면, 우리는 모든 문제를 해결할 수 있을 겁니다." 그들의 말 뜻은 '진짜 지도자'는 외향적인 사람이라는 것이었다. 그들은 하나님이 교회 지도자로 세우시는 성격 유형은 한 가지 뿐이라는 잘못된 생각을 가지고 있었다.

나는 그들에게 프랭크 바커(Frank Barker) 목사 이야기를 들려주었다. 당시 그는 지금 내가 담임 목사로 섬기고 있는 브라이어우드장로교회의 은퇴 목사이다. 프랭크는 이 교회를 설립하고 40년 동안 이끌었으며, 여러 모로 이때는 아주 성공적인 목회 기간이었다. 그러나 그는 전혀 외향적이지 않다. 전혀 'high D' 성격의 인물이 아닌 것이다. 이 점을 보여 주는 일화가 두 개 있다.

어느 날 내가 알고 있는 한 남자가 교회 사찰이겠거니 생각되는 한 남자와 이 교회의 도서관에서 잠시 얘기를 나누었다. 그런데 나중에 알고 보니 그가 바로 담임 목사인 프랭크 바커였다.

또 한번은 이 교회의 교역자 한 사람이 애틀랜타까지 자동차로 두 시간 반 동안 프랭크와 동행을 하면서 한 가지 실험을 해 보기로 마음먹었다. 그는 두 시간 반 동안 한 마디도 하지 않겠다고 결심하고는, 프랭크가 말문을 여는 데 얼마나 걸리는지 알아보기로 했다. 두 시간 반이 다 지났고, 드디어 프랭크가 말문을 열었다. "애틀랜타 다 왔지요?" 그렇다. 조용하고 겸손한 이 남자가, 그 오랜 세월 동안 아주 성공적으로 이 교회를 이끌었다.

제임스 케네디(D. James Kennedy)는 절대로 외향적인 성격이 아님에도 훌륭한 교회 지도자의 또 한 사람의 본보기이다. 그밖에도 많은 사람들이 있다. 하나님은 특정 유형의 인물을 통해서만 일하신다는 잘못된 생각에 빠지지 않도록 주의하라. 하나님은 매우 다양한 은사들을 교회에 주셨으며, 그의 나라를 세우는 일에 아주 다양한 사람들을 쓰시고자 계획하셨다 (고전 12:4~6).

현상 유지에 만족한다

오래된 만화 '루니툰'(Looney Toon)을 기억할 것이다. 윌리 코요테가 로드 러너를 추격하다가 그만 낭떠러지에 매달려 죽을 지경에 처한다. 윌리는 벼랑 가장자리를 겨우 붙잡고 한참을 버티다가 결국 손가락이 풀리고 계곡 바닥에 갈색 팬케이크처럼 떨어지고 만다. 오늘날 적지 않은 교회들이 사역에 대해서 기대하는 게 이런 식이다. "그냥 유지만 합시다." 그들은 이렇게들 생각한다. "지난 해에 잃은 숫자만큼만 채울 수 있으면 좋겠다." 아니면, "올해 예산만 어떻게 충당할 수 있다면 진짜 다행이겠는데." 그들에게는 사역을 위한 '비전'이 있다. 그 비전은 '버티기'이다. 현상 유지 정서가 있는 곳에서는 기념비(monument)나 반짝거리게 닦을 뿐, 하나님의 은혜의 운동(movement)을 전개하려고 하지는 않는다. 그들은 생명을 구원하는 사명(life saving mission)이 아니라 생명을 보조하는 장치(life support system)에 의존한다. 그들의 유일한 희망과 꿈은 문을 열어 두는 것이지, 그 문을 통하여 영혼을 추수하려는 것이 아니다.

피해의식

병이 깊어 죽어 가는 교회에서 볼 수 있는 또 다른 태도는 "여기서는 절대로 안 될 걸. 왜냐하면…"이라고들 하는 것이다. 교회 지도자들과 교인들은 새로운 아이디어가 효과를 거두지 못했을 때를 대비해, 이미 잘 준비된 핑계 목록을 가지고 있다. 실행에 앞선 두 가지 고전적인 핑계는 "전에 시도해 봤다"와 "비용이 너무 많이 들 것이다"이다. 그리고 실행 후에는 이런 변명들을 한다. "주변 환경이 변했다", "교회 자리를 잘못 잡았다", 아니면 "이곳 주민들은 거칠고 신앙이 없는 사람들이기 때문이다." 10년 동안 줄곧 지기만 했고, 이미 다음 시즌에 예상되는 패배에 대비한 변명 목록을 준비하고 있는 스포츠 팀과 같지 않은가.

이러한 변명들 저변에는 '교회는 외부 요인의 희생자'라는 가정이 깔려 있다. 그러한 요인들이 교회가 하나님의 손에 크게 쓰임받는 것을 가로막고 있다는 것이다. 재정 부족이나 지역 정서나 또는 그 어떤 것이라도, 처한 환경 때문에 결국 그저 그런 교회 아니면 실패하는 교회가 되고 말 것이라는 정서가 무의식 중에 존재하고 있다. 이런 교회들은 부정적인 환경 요인들—성경은 이런 문제를 피하기 위하여 우리가 최선을 다해야 한다고 말한다(약 1:2~4)—에 의하여 영향을 받도록 스스로를 맡겨버리고 있기 때문에, 실제로도 희망이 없다. 성경은 하나님이 우리의 약함조차도 사용하셔서 우리 안에서, 그리고 우리를 통하여 일하신다고 가르치고 있다. 사도 바울이 고린도후서 12장 8~10절에서 어떻게 말하고 있는지 잘 생각해 보라.

> "이것이 내게서 떠나기 위하여 내가 세 번 주께 간구하였더니 내게 이르시기를 내 은혜가 네게 족하도다 이는 내 능력이 약한 데서 온전하여짐이라 하신지라 이러므로 도리어 크게 기뻐함으로 나의 여러 약한 것들에 대하여 자랑하리니 이는 그리스도의 능력으로 내게 머물게 하려 함이라 그러므로 내가 그리스도를 위하여 약한 것들과 능욕과 궁핍과 핍박과 곤란을 기뻐하노니 이는 내가 약할 그때에 곧 강함이니라."

아프리카 우간다의 성도들이 이 점을 잘 보여 주고 있다. 나는 이 나라에서 여섯 번이나 복음 전도 여행을 하는 특권을 누렸다. 그렇지만 나는 첫 번째 여행을 결코 잊지 못할 것이다. 1980년대 중반이었다. 그때는 이디 아민의 철권 공포 정치가 종식된 지 얼마 되지 않은, 차마 말로 다 할 수 없는 끔찍한 상황이었다. 그 시대의 희생자들 가운데는 물론 신앙 때문에 박해를 받고 죽임을 당한 그리스도인들도 많이 있었다. 내가 그곳에서 첫 여행을 하고 있을 당시에 새 정권이 500기의 그리스도인 유골을 발굴했는데, 이것들은 도로 포장재로 쓰이고 있었다. 당시 우간다의 화폐 가치 인플레이션은 600~800%였다. 주민들은 언제 또 다시 전쟁이 닥칠지, 언제 또 다른 독재자가 나타나서 자기네 땅을 유린할지 모르는 공포에 떨면서 계엄령 가운데 살고 있었다.

그러나 하나님의 위대하신 운동이 우간다 교회들 안에서, 그리고 그들을 통하여 일어났다. 그리고 지금도 계속 일어나고 있다. 어느 날, 설교 요청을 받고 폭격으로 부서진 한 교회에서 설교를 했다. 설교를 마치고 나서 다시 한 번 설교를 해 달라는 요청을 받았다. 그리고 또 다시 설교 요청을 받았다. 나는 그들에게 "내가 더 설교하기를 원하십니까? 벌써 두 번씩이나 했는데"라고 말했다. 통역을 통해 그들은 이렇게 대답했다. "예, 그렇습니다. 간청합니다. 오늘 설교를 들으려고 먼 길을 걸어왔습니다." 나는 그들에게 가르칠 말씀을 찾아 정신없이 성경을 넘겨야 했다. 그들은 하나님의 말씀 듣기를 너무나 갈망하고 있었다. 그리고 그들은 자신의 친구들에게 말씀을 전하러 나갔다. 그 짧은 방문 기간 동안에도, 나는 수백 명이 그리스도에게로 나오는 것을 보았다.

그렇게 심한 탄압과 고난 가운데서도, 우간다 교회들은 잘 자라고 있었다. 그들은 자신들을 희망 없는 희생자로 보지 않았다. 그들은 자신들의 환경을 패배의 변명거리로 삼지 않았던 것이다. 우리 땅의 수많은 교회들도 하나님께서 자신들에게 생명을 주실 수 있다는 것을 깨달아야 한다. 사방이 캄캄하여 앞이 보이지 않는다고 할지라도 말이다.

변명은 쉽다. 그리고 변명은 습관이 될 수 있다. 그렇게 되면 우리는 스스로 오류를 범할 수 있고 현실을 제대로 파악하지 못할 수도 있다. 교회 건물을 팔고 다른 지역으로 옮기려고 하는 한 교회의 지도자들과 이야기를 나눈 적이 있다. 그들은 교회를 옮기려는 이유에 대해 "여기서는 더 이상 사역을 할 수 없기 때문"이라고 말했다. 그들이 내세운 이유는 그 지역사회가 지난 몇 년 사이 변했다는 것이었다. "전에는 주민들이 우리와 같았기 때문에 복음을 전할 수 있었는데, 지금은 주민이 모두 히스패닉입니다." 어떻게 그걸 아냐고 물었더니, 스페인어를 쓰는 사람들이 그들의 교회 건물을 세내서 쓰고 있는데 그 교회에는 500명 이상이 모인다고 그들은 말했다. 반면, 그 건물을 소유하고 있는 자기네는 주일 아침 예배에 겨우 40명이 나온다는 것이었다.

그렇지만 그 지역 인구 구성을 조사하면서, 우리는 그 교회 주변 지역사회에는 실제로 백인계가 88%이고 히스패닉은 12% 미만이라는 사실을 알게 되었다. 그래서 나는 그들에게 이렇게 말했다. "여러분에게 전해 줄 좋은 소식과 나쁜 소식이 있습니다. 좋은 소식은 여러분 주위에 있는 주민의 88%가 여러분과 같은 말을 쓰고 있다는 사실입니다. 그러니 여러분들은 이사를 가지 않아도 됩니다. 나쁜 소식은 여러분에게 세 들어 예배 드리고 있는 그 교회가 나머지 12%에게 복음을 전하고 있으며 주일 오후마다 이 건물을 가득 채우고 있다는 사실입니다." 나는 그들에게 지금부터는 이사 가는 것에 대해 고민하기보다 그들이 무엇을 제대로 하지 못하고 있었는지, 복음을 전하기 위하여 해야 할 바른 일은 무엇인지를 더 고민하라고 제안했다. 그리고 나는 그들이 더 이상 변명을 늘어놓지 않기를 바랐다.

지역사회에서의 나쁜 평판

죽어 가는 교회의 또 하나의 증상은 그 교회가 주변의 남들에게서 어떻게 인식되고 있느냐에 달려있다. 쇠퇴 과정이 길면 길수록, 그 교회의 사회적 이미지나 평판은 더 나빠진다. 지역사회와 이웃 교회들이 그 교회의 상황에 대한 여론을 형성한다. 이런 점에서 가장 큰 해를 끼치는 사람은 그 교회를 떠나 다른 교회로 간 사람들인 경우가 자주 있다. 자신들이 떠나온 교회가 쇠퇴하는 것을 두고서 그들은 그 교회의 '내부' 정보와 '끔찍한 이야기들', 부족한 점, 아니면 그 교회에서 자신들이 어떤 나쁜 대접을 받았는지를 다른 사람들에게 이야기하게 된다. 교회를 떠난 사람들에게서 들은 좋지 않은 이야기들 때문에 내 말을 듣지 않으려 하는 교인들을 여러 번 본 적이 있다. 그리고 시간이 지나면서 악한 소문의 목록은 더 길어지고 그만큼 재활성화의 과업도 더욱 힘들어진다.

때로는 쇠퇴의 징후가 내부에서는 아직 확인조차 되지 않았는데도 외부에서 먼저 나타나는 경우도 있다. 그 교회의 지도자들과 교인들은 모든 일들이 아주 잘 돌아가고 있다고 생각하고 있는데, 실제 상황은 그 교회의 주변 세계에서 오가고, 심지어 다른 교회들에서 오가기도 한다. 그래서 나는 목회자들과 지도자들에게 교회 외부 사람들과 대화할 기회가 있을 때면 우리 교회에 관하여 꼭 질문하라고 제안한다. 좋은 질문의 예는 다음과 같다. "우리 교회에 관하여 어떻게들 이야기하고 있지요?" "이 지역사회가 우리 교회를 어떻게 생각하고 있는 것 같습니까?" 명심하라. 평판은 우리 교회 소식지에 우리가 쓰는 것이 아니라 사람들이 실제로 우리에 관하여 생각하는 것이다.

복음으로부터의 이탈

교회가 앓고 있는 질병 가운데 마지막 증상은 이 모든 것 가운데 가장 나쁜 것이다. 갈수록 교회가 세상으로 다가가는 일을 제대로 해내지 못하게 되는 것은 그들이 하나님의 은혜를 잃어버렸기 때문인 경우가 허다하다. 복음을 따라 살고, 구원받아야 할 사람들에게 복음을 나누는 것보다 더 중요하게 여기는 것들이 갈수록 늘어나는 것이다.

교리적 차이나 교회 건물, 아니면 커리큘럼에 우선순위가 매겨지고 있다. 무엇을 강조하든, 그것이 복음이 차지해야 하는 우리의 중심을 침해한다면, 그것은 하나님의 사역을 가로막는 것이다.

우리는 제3장에서 복음의 우선성을 더욱 자세하게 논할 것이다. 그러나 당신 교회가 바로 이 점에서 쇠퇴하고 있거나, 내가 언급한 다른 쇠퇴의 증상들을 가지고 있다면, 당신 교회는 재활성화가 필요하다. 당신 교회에 아직 이런 문제점들이 나타나지 않는다면, 하나님을 찬양하라! 그렇지만 또한 명심하라. 우리가 앞으로 배우게 될 원리들을 하나님의 영광을 위하여 실행하지 않는다면, 우리는 언제든지 이런 문제들에 굴복당하고 말 것이다.

교회 재활성화의 특권

교회의 재활성화가 중요한 것은, 너무나 많은 교회들이 죽었고, 죽어 가고 있기 때문이며, 그리고 모든 건강한 교회들이 질병에 걸릴 위험에 처해 있으며 우리가 논한 쇠퇴의 증상들이 드러나고 있기 때문이다. 그렇지만 나는 교회 재활성화를 위하여 기도하고 일해야 하는 긍정적인 이유들도 또한 많이 있다고 말하고 싶다. 그런 긍정적 이유들로 이미 교회 재활성화 사역을 하고 있는 사람들을 격려하고, 주님이 그들을 이끄시는 대로 다른 많은 사람들이 교회 재활성화 사역에 동참하기를 바란다.

목자의 마음

어떤 교회가 죽어 가고 있다면, 가장 쉬운 해결책은 문을 닫고 다른 곳에서 '다시 시작'하는 것이다. 이런 접근방식이 적용되어야 할 시기나 장소가 분명히 있다. 그러나 나는 대부분의 경우 교회 재활성화 사역이 우리 주님의 마음에 가장 가깝다고 제안하고자 한다. 주님은 위대한 목자이시다.

> "너희 생각에는 어떻겠느뇨 만일 어떤 사람이 양 일백 마리가 있는데 그 중에 하나가 길을 잃었으면 그 아흔아홉 마리를 산에 두고 가서 길 잃은 양을 찾지 않겠느냐 진실로 너희에게 이르노니 만일 찾으면 길을 잃지 아니한 아흔아홉 마리보다 이것을 더 기뻐하리라 이와 같이 이 소자 중에 하나라도 잃어지는 것은 하늘에 계신 너희 아버지의 뜻이 아니니라"(마 18:12~14).

우리 주 예수님의 이 말씀은 일차적으로 개인들을 향한 것이다(15~20절 참고). 그렇지만 또한 교회들에게도 적용된다고 나는 확신한다. 예를 들어, 우리의 주님이 요한계시록 2, 3장에서 문제 있는 교회들에게 어떻게 말씀하시는지를 보라. 그렇다. 촛대가 옮겨져야 할 때가 온다. 교회 문에 영광이 사라졌음을 탄식하는 "슬프도다"(Ichabod)라는 문구가 적혀 있을 때가 온다는 것이다. 그러나 그 전에 주님은 그 교회의 지도자들과 회중에게 부흥을 위하여 회개하고, 설교하고, 기도하라고 타이르신다(계 3:18~20). 목회자, 후원 교회, 교단이 재활성화가 필요한 교회와 협력하여 일한다면, 그들은 하나님의 마음을 반영하는 것이다. 그런데 여전히 변화와 성장에 대한 희망을 가지고 있으면서도, 너무나 신속하게 그 교회를 '해산시켜' 버린다면, 그들은 아흔아홉을 남겨 두고 잃어버린 하나를 찾아 떠나시는 그분을 슬프게 만드는 것이다.

사도의 마음

사도행전 13장에서 바울과 바나바는 안디옥교회로부터 파송을 받았다. 그리고 그들은 분명한 선교 철학을 가지고 소아시아 전역을 여행했다.

- 복음 전도와 제자훈련
- 교회 개척
- 사랑과 자비와 정의의 일
- 지도자 육성과 배치

사도행전 15장에서 바울은 두 번째 선교 여행을 시작하면서 또 하나를 준비했다. 흥미로운 것은 바울이 "복음을 전파할 새로운 곳을 찾자"고만 말하지 않았다는 것이다. 오히려 그는 이렇게 말했다. "우리가 주의 말씀을 전한 각 성으로 다시 가서 형제들이 어떠한가 방문하자"(행 15:36). 사도 바울은 위에서 언급한 네 가지 사역 철학 모두에 대한 자신의 헌신을 새롭게 하고, 이제 여기에 다섯 번째 목표, 교회 재활성화를 더했다. 그리고 그가 떠난 뒤에, 사도행전 15장 41절은 이렇게 말한다. "수리아와 길리기아로 다녀가며 교회들을 굳게 하니라." 그리고 그가 세 번째 선교 여행을 시작했을 때, 사도행전 18장 23절은 이렇게 말한다. "얼마 있다가 떠나 갈라디아와 브루기아 땅을 차례로 다니며 모든 제자를 굳게 하니라." 바울의 세 번째 선교 여행의 지도를 성경에서 다시 돌아본다면, 그 여행이 두 번째 여행길을 거의 그대로 따르고 있다는 것을 알게 될 것이다.

그러므로 사도 바울의 대사명을 성취하는 사역은 복음이 닿지 않은 지역과 사람들을 향한 사역이었을 뿐만 아니라, 또한 재활성화의 사역이었다. 그 교회들 가운데 일부는 바울이 살아 있는 그 당시에도 극한 어려움으로 고통을 겪고 있었음을 우리는 알고 있다(갈라디아와 고린도에 보낸 그의 서신들만 보더라도 이것을 알 수 있다). 그러므로 바울의 사역에서 대부분을 차지하는 것은 쇠퇴하는 교회들의 불씨를 살려 불길로 타오르게 하는 일이었다.

이는 도움이 절실한 곳에서 사역을 해야 하는 목회자들과 사역자들에게는 큰 격려가 된다. 저 위대한 사도가 세운 교회들이 한 세대도 지나지 않아서 재활성화가 필요한 교회가 되었다면, 오늘날 우리가 똑같은 일을 만난다고 해서 놀랄 까닭이 있겠는가? 바울의 교회들이 쇠퇴의 고통을 겪었다면, 우리가 섬기는 교회가 지금 고통을 당하고 있다는 것을 부끄러워하거나 그 사실을 인정하기를 꺼려서는 안 될 것이다. 그리고 우리가 재활성화가 필요한 교회와 협력하는 특권을 가지고 있다면, 이것은 우리가 진정으로 '사도적' 사역에 동참하고 있다는 참으로 흥분된 일이 아니겠는가!

교회 개척이냐 교회 재활성화냐

새로운 교회를 시작하는 사역은 매우 보람 있는 일이다. 그러나 활력을 잃어 가는 교회들에 다시 생기를 불어넣어 주는 사역이 때로는 더욱 더 보람 있는 일이라고 말하고 싶다. 많은 사람들이, 특히 젊은 목회자들은 교회 개척이 훨씬 쉬운 일이라고들 한다. 그러나 나는 몇 가지 이유로 반드시 그런 것은 아니라고 생각한다.

첫째, 당신이 함께 일해야 할 사람들 문제를 한번 생각해 보라. 『The Birth, Care, and Feeding of the Local Church』(지역 교회의 탄생과 돌봄,

양육)는 저자인 돈 맥네어(Don McNair)의 교회 개척 경험과 해박한 연구의 결실을 담고 있다.[6] 한 목회자가 교회를 개척하고 3년이 지나면 개척 당시의 교인의 90%가 빠져나가는 경향이 있다고 맥네어는 말한다. 아니면 개척한 목회자 자신이 임지를 옮기기도 한다고 그는 말한다. 나는 이 법칙에는 많은 예외가 있다는 것을 알고 있다. 그러나 내 경험으로도 이것이 사실상 법칙이라는 것에 동의하지 않을 수 없다. 새로 개척한 교회에 오는 많은 사람들이 오래지 않아 결국 떠나고 만다. 아마도 그것은 그들이 어디 다른 곳에서도 오래 있지 못할 유형의 사람들이거나, 가는 곳마다 문제를 일으키는 그런 유형의 사람들이기 때문일 것이다. 아니면 그들은 자신들이 바라는 교회가 될 것이라는 희망 때문에 개척 교회에 참여했다가 그 교회가 자신들이 바라는 대로 나가지 않자 실망하고 교회를 떠났을 것이다.

교회 개척 과정에서 선교적 열정을 가지고 하나님 나라 확장을 위하여 자신을 희생할 각오가 되어 있는 성숙한 교인들의 참여를 이끌어내지 못하는 경우가 많다. 반대로, 열의가 있는 사람들은 다른 목적에 열의를 가진 경우가 많다. 예를 들어 그들은 '교회는 어떠해야 하는지' 자신들이 알고 있다고 생각하여 소수의 사람들과 연계해 모든 일들을 통제하고자 한다. 또는 다른 교회의 새로운 변화에 자극을 받아 "우리도 한번 해 보자"고 결정한다. 그들은 '새로운 것'이라는 단순한 이유 때문에 좋아하며, 그것이 더 이상 새롭지 않으면 곧 흥미를 잃어버린다. 이러한 문제들이 복합적으로 작용하여 3년 내로 개척 멤버의 약 10%만 남고 나머지 90%는 결국 다른 교회로 떠나고 마는 전형적인 결과를 낳는 것이다.

재활성화가 필요한 교회로부터 청빙을 받는 것은, 온갖 어려움을 견디고 남아 있는 교인들을 물려받는다는 의미가 된다. 그들의 약점이 그 교회가 쇠퇴하는 데 일조를 했을 수도 있고, 그들이 죽은 전통에 매달려 있을 수도 있다. 그렇지만 최소한 그들은 아무런 이유도 없이 그저 방관만 할 소비자들은 아니다. 또한 개척 교회에서와는 달리, 교회가 나아갈 방향에 대한 각자의 생각들이 완전히 제각각이지는 않을 것이다. 쇠퇴하는 동안 교회에 남아 있었다는 것은 교회를 되살리고자 하는 소원함이 있다는 것을 뜻할 것이다. 그들도 사람인지라 때로는 당신의 뜻에 반대 의사를 나타내기도 하겠지만, 이 책에서 논의한 원리들을 통해, 그들의 신앙이 갱신되고 하나님으로부터 크게 쓰임받을 수 있을 것이라고 나는 확신한다.

교회 재활성화는 많은 경우에 있어서, 기존 자원들을 활용할 수 있다는 이점이 있다. 교회 건물이 이미 존재하고 있으니 부지를 찾아다닐 필요도 없다. 지금 있는 곳 주위에 사는 사람들에게 다가가는 것만 신경 쓰면 된다. 물론 건물을 새로 건축할 필요도 없다. 이미 당신이 가지고 있는 건물을 새로운 성도들로 채우기만 하면 된다. 반면 교회 개척에서는 지도자들이 수년 간 너무나 고된 일들로 마음이 산란해질 수 있고, 이런 자원들을 찾느라 많은 고민을 해야 한다. 스티브 브라운(Steve Brown)은 목회자들로부터 자신이 개척한 교회가 건축을 시작하려는데 어떻게 해야겠냐고 질문을 받으면, 보통 이렇게 대답한다고 한다. "사임하시게나!" 이 말은 반 농담일 것이다. 그러나 교회 건축만큼 목회자들을 빨리 탈진하게 만드는 일도 없다!

교회 재활성화 사역은 하나님의 마음과 바울의 마음을 반영하는 것이다. 뿐만 아니라, 또한 하나님의 말씀에 따라 실행될 때 이 땅에 있는 그리스도의 몸 된 교회의 현재의 필요들을 채울 수 있다. 더불어 이것은 실제적이고 효과적인 길이기도 하다. 그리고 나는 교회 재활성화와 같은 유형의 사역이 온 땅에서 일제히 일어나게 될 대부흥의 촉매가 될 수 있을 것이라고 확신한다.

전 세계적인 재활성화

교회 재활성화의 우선성과 특권은 전 세계의 모든 교회들이 공유하는 것이다.

한 가지 예를 들자면, 이집트에는 19, 20세기에 스코틀랜드–아일랜드 장로교인들이 세운 복음주의장로교회라는 교단이 있다. 내가 알고 있기로 현재 이집트에는 약 650개의 공인된 복음주의장로교회 소속 교회가 있으며, 그 가운데 다수가 자체 건물을 보유하고 있다. 그러나 내가 본 가장 최근의 통계에 의하면 그 교단 소속 교회 가운데 단 250개 교회에만 목회자가 있었다. 한 나라 전체를, 한 문화 전체를 교회 재활성화를 통하여 변화시킬 수 있는 엄청난 기회가 이집트에 있는 것이다. 성경을 숨겨서 들여갈 필요도 없고, 숨어서 들어갈 필요도 없다. 이집트 정부는 교회를 법적으로 인정하고 있다.

이집트에 650개 교회가 살아 있다는 것을 상상할 수 있는가? 이것은 지역 규모의 재활성화가 아니라, 민족적이고 역사적인 재활성화가 될 것이다. 내가 이렇게 말하는 데는 나름의 이유가 있다. 무슬림 국가인 이집트가 아주 오래 전에는 전 세계 기독교의 중심 가운데 하나였기 때문이다. 나일 강 초입에 위치하고 있는 알렉산드리아 시에는 고대 세계에서 가장 큰 신학 도서관이 있었다. 무슬림 군대가 오랜 전에 기독교 국가인 북 아프리카를 정복했지만, 우리 주님은 성령의 무기와 복음의 능력으로 이 나라들을 다시 찾으실 것이다. 하나님은 그곳에 존재하고 있는 많은 교회들을 재활성화하심으로써 그 일을 하실 것이다.

1992년부터 나는 동료 목회자 몇 명과 함께 미국에서 〈다시 불길로 타오르게 하라〉 교회 재활성화 컨퍼런스를 열고 있다. 그리고 최근 몇 년 사이 다른 나라에서도 이 사역에 대한 관심이 높아지고 있다. 우리는 이제 〈다시 불길로 타오르게 하라〉 교회 재활성화 컨퍼런스를 호주, 뉴질랜드, 한국, 일본, 우간다, 남아프리카공화국, 스코틀랜드, 아일랜드, 잉글랜드, 루마니아, 그리고 프랑스에서도 실시하고 있다. 그리고 이 목록은 계속 늘어나고 있다. 우리는 바울의 두 번째 선교 여행 당시와 비슷한 상황에 처해 있다. 복음이 세계 곳곳으로 퍼지고 있으며, 복음 전도와 제자훈련을 통하여 새로운 교회를 계속 개척해야 할 뿐만 아니라 이제는 교회 재활성화에도 나서야 할 때이다. 하나님께서 우리를 도우셔서 이 엄청난 기회를 통해 우리가 잘 쓰임받기를 기도하고 있다.

하나님은 전 세계에서 교회를 개척하는 일을 하고 계시지만, 또한 교회 재활성화 사역을 통하여 크게 사역하신다. 재활성화 사역은 아직 완성되지 않았으며, 이 사역이 국내와 국외 선교를 위한 전략의 일부로서 그 중요성이 점점 더 커질 것을 나는 확신한다. 그러므로 하나님이 교회를 재활성화하시는 과정에서 당신에게 어떤 역할을 맡기신다면, 하나님께서는 당신에게도 다른 사람들이 교회를 재활성화하는 과정을 돕는 기쁨을 주실 것이다.

나는 이 책의 머리글에서 소개한, 그 죽어 가던 교회에 처음 부임했을 때 이 사역을 시작했다. 그곳에서 몇 주를 지내면서, 나는 교회 문을 닫고 더 푸른 초장으로 옮겨야 한다던 그 '전문가들'이 옳지 않다고 판단하게 되었다. 그리고 이것이 내게 주어진 시험이라고 확신하게 되었다. 아브라함이 자신의 아들 이삭을 바치라는 음성을 들었을 때처럼, 나는 외부의 갈등과 내부의 혼란에도 불구하고, 하나님의 음성에 계속 순종해야 할 것인가를 놓고 고민했다. 성경은 아브라함이 "하나님이 능히 죽은 자 가운데서 다시 살리실 줄로 생각"(히 11:19)했다고 말하고 있다. 그리고 나 역시 하나님께서 그 죽어 가는 교회를 고치고 새롭게 하실 것이라고 믿었다. 그래서 나는 교회를 떠나지 않고 교회 재활성화와 관련된 방법들을 성경에서 찾아 연구했다.

그리고 나는 내가 기대했던 것보다도 훨씬 많은 것들을 발견했다. 사실 나는 한때 대단했지만 쇠퇴하고 있던 한 교회에 관한 매우 특수한 사례 연구를 성경 안에서 찾았다. 하나님이 이것을 성경에 넣어 두신 것이 나를, 그리고 하나님의 은혜로 자신들이 섬기는 교회가 갱신되는 것을 보고자 하는 모든 사람들을 위하심이라고 생각되었다. 바로 이러한 하나님의 재활성화를 위한 계획이 다음 장의 주제이다.

02)

교회 재활성화를 위한 성경적 패러다임

The Biblical Paradigm for Church Revitalization

하나님은 어제도 오늘도 그리고 영원히 동일하신 분이기 때문에
과거에 그러하셨듯이 현재에도 승리하실 것이다.
그래서 오늘 하나님의 사람들은 과거와 지역 교회의 역사와
그리고 또한 모든 세대의 교회 역사와 연결되어 있어야 한다.

02) 교회 재활성화를 위한 성경적 패러다임

오늘날 많은 교회 지도자들이 성경보다는 월스트리트에서 나온 것 같은 사역 모델을 끌어안고 있다. 이들은 성공적인 사업 원리들을 적용하면 교회가 성장할 것이라고 믿는다. 어떤 목회자들은 할리우드를 생각나게 하는 −사람들을 즐겁게 해 줘서 그들이 '좋은 시간을 보내고', 그래서 다시 오기를 바라는− 접근법을 채택한다. 또 어떤 목회자들의 목회 철학은 마치 심리치료사에게서 빌려온 것 같은 것들도 있다. 이들이 강조하는 것은 예수 그리스도를 신령으로 예배하는 것이 아니라, 우리의 가장 깊은 감정적, 심리적 필요를 채우고 해결하라는 것이다. 사실 대부분의 교회들이 오늘날 월스트리트/기업 모델, 할리우드/엔터테인먼트 모델, 또는 심리치료사/치료요법 모델을 채택하고 있는 것 같다.

물론 이러한 현대적 모델들로부터 도움을 얻을 수 있다는 것을 나 역시 전적으로 부정하는 것은 아니다. 그러나 이것들 가운데 어떤 것도 교회 재활성화에 이르는 성경적 접근법을 담고 있는 것은 없다. 성경에서 이 주제를 연구하기 시작했을 때, 사실 나는 사업 모델, 엔터테인먼트 모델, 또는 심리치료 모델을 발견하지 못했다. 대신 성경은 교회를 묘사하기 위하여 서로 다른 그림들을 사용하고 있다는 것을 나는 알게 됐다. 가령 가정, 군대, 그리고 몸과 같은 것들이다. 나는 또한 성경은 교회 재활성화를 위한 많은 원리들을 포함하고 있다는 것을 알게 되었는데, 그 가운데 어떤 것들은 앞서 언급한 대중적 모델들과는 잘 어울리지 않는 것들이다. 그리고 나는 하나님이 이 세상에서 우리를 위하여 준비하여 주신 교회 재활성화의 실제적이고 유용한 모델이 따로 있다는 것을 알게 되었다.

성경적 사례 연구

제1세기에, 에베소교회는 세계에서 가장 큰 교회 중 하나였다. 이 교회는 예루살렘, 안디옥 그리고 로마교회와 함께 영향력 있는 '진원지' 교회 중 한 곳이었다. 사도 바울은 이 교회를 (실라, 아굴라, 브리스길라 같은 지도자들의 도움을 받아) 세웠으며, 그 어느 교회보다도 오랜 기간인 3년 간 머물렀다. 위대한 설교자 아볼로가 에베소교회 출신이고, 이 교회의 사역의 결실로서 그 주변 지역 13곳에서 다른 교회들이 시작되었다.

사도행전 19장 23~41절에 기록되어 있는 한 가지 상황은 그 젊은 성도들이 얼마나 효과적으로 지역사회의 문화에 영향을 끼쳤는지를 보여 주고 있다. 거짓 종교, 특히 그리스 여신 아데미를 숭배하는 종교는 에베소에서 크게 번창하고 있었다. 신전과 신상들 그리고 이와 관련된 여러 가지 장신구들은 그 도시에서 가장 중요한 상품들이었다. 그러나 에베소교회가 성장하면서, 많은 사람들이 거짓 종교로부터 구원을 받았고 우상 산업이 후퇴하기 시작했다. 이 교회의 영향은 너무나 엄청나 그 지역 세공사들이 조만간 실직을 하게 되지나 않을까 걱정할 정도였다. 그들은 우상 숭배의 문화를 다시 살리기 위해 폭동을 부추기기도 했다. 이와 비슷한 상황은 앞서 데살로니가에서도 발생했다. 이곳에서는 지역사회의 믿지 않는 사람들이 사도들에 관하여 이렇게 말했다. "천하를 어지럽게 하던 이 사람들이 여기도 이르매"(행 17:6). 에베소의 믿는 사람들이 준 충격은 옛 번역대로 "천하를 뒤집어엎고 있었다."

이처럼 에베소교회는 초창기에는 지역사회와 세계에 그리스도를 드러내는 특별한 역사가 임한 위대한 교회였다. 그러나 바울은 이 교회가 이미 얻은 영광에 만족해서는 안 된다는 것을 알고 있었다. 바울은 그 교회의 장로들에게 작별을 고하면서, 그들에게 다가오는 고난에 강하게 맞서야 함을 경고했다.

"너희는 자기를 위하여 또는 온 양 떼를 위하여 삼가라 성령이 저들 가운데 너희로 감독자를 삼고 하나님이 자기 피로 사신 교회를 치게 하셨느니라. 내가 떠난 후에 흉악한 이리가 너희에게 들어와서 그 양떼를 아끼지 아니하며 또한 너희 중에서도 제자들을 끌어 자기를 좇게 하려고 어그러진 말을 하는 사람들이 일어날 줄 내가 아노니 그러므로 너희가 일깨어 내가 삼 년이나 밤낮 쉬지 않고 눈물로 각 사람을 훈계하던 것을 기억하라"(행 20:28~31).

바울은 자신이 떠난 뒤에 거짓 교사들이 그 교회를 들쑤시기 시작했고,

그리고 한때는 위대했던 이 교회가 쇠퇴하기 시작했다는 사실이 너무나 싫었을 것이다. 불길이 꺼져 가는 그 슬픈 과정은 바울이 디모데에게 첫 서신을 쓸 때부터 시작되고 있었다. 그 편지에서 바울은 디모데에게 "너를 권하여 에베소에 머물라 한 것은 어떤 사람들을 명하여 다른 교훈을 가르치지 말며"(딤전 1:3)라고 말하고 있는 것을 미루어 그 사실을 알 수 있다. 그 시기와 목적 때문에 디모데전서는 교회 재활성화의 지침서라 할 수 있다. 그리고 우리가 앞으로 논하게 될 모든 원리들은 성경 안에서 발견할 수 있다.[7]

그러나 바울의 훈계와 디모데의 노력에도 불구하고, 에베소교회는 결국 가장 밑바닥까지 쇠퇴하고 말았다. 예수님은 직접 그 교회를 향하여, 돌아서지 않으면 하나님의 심판을 받게 될 것이라고 경고하셨다.

> "에베소교회의 사자에게 편지하기를 오른손에 일곱 별을 붙잡고 일곱 금 촛대 사이에 다니시는 이가 가라사대 내가 네 행위와 수고와 네 인내를 알고 또 악한 자들을 용납지 아니한 것과 자칭 사도라 하되 아닌 자들을 시험하여 그 거짓된 것을 네가 드러낸 것과 또 네가 참고 내 이름을 위하여 견디고 게으르지 아니한 것을 아노라 그러나 너를 책망할 것이 있나니 너의 처음 사랑을 버렸느니라 그러므로 어디서 떨어진 것을 생각하고 회개하여 처음 행위를 가지라 만일 그리하지 아니하고 회개치 아니하면 내가 네게 임하여 네 촛대를 그 자리에서 옮기리라"(계 2:1~5).

디모데의 에베소교회 재활성화 사역은 특히 교리의 영역에 있어서 효과를 거두었던 것이 틀림없다. 우리는 이것을 에베소 교인들이 거짓 교사들을 분별하는 일로 칭찬을 받았다는 기록에서 알 수 있다(6절). 그러나 예수님은 그들이 처음 사랑을 버리고 죽은 전통에 빠져버렸다고 하면서 그들의

'촛대'를 옮겨버리겠다고 경고하신다. 이 무서운 결말을 청교도 매튜 헨리가 그의 요한계시록 주석에서 잘 묘사하고 있다.

> "그리스도의 은총과 성령의 임재가 가볍다면, 우리는 그분의 노여움의 임재를 기대할 것이다. 그는 회개하지 않는 교회들과 죄인들을 심판하시려고 갑자기 그리고 놀랍게 임하실 것이다. 그분은 그들에게서 교회를 빼앗으시고, 그분의 복음을, 그분의 사역자들을, 그리고 그분의 성찬을 그들에게서 거두어 가실 것이다. 그러면 교회는, 복음이 없어진 교회는 어떻게 될 것인가?"[8]

그들이 돌아서지 않는다면, 이 무시무시한 운명은 이미 그 성도들에게 임박해 있을 것이다. 에베소교회는 불길이 꺼져버린 불씨로, 부요함에서 쓰레기로 변한 바로 그 교회였다. 그러나 예수님은 그 교회에 희망이 없다고 말씀하지 않으셨다. 그 교회의 문을 닫아야 한다고도 말씀하지 않으셨다(만약 아무것도 변하지 않는다면 결국 그렇게 될 수도 있지만). 대신 예수님은 우리에게 교회 재활성화를 위한 패러다임, 곧 기초 과정을 준비해 주셨다. 예수님은 그 어떤 믿는 자들의 모임도, 우리가 기억하고, 회개하고, 회복하기만 한다면 그 쇠퇴를 끝내고 불씨에서 불길로 다시 타오를 수 있다고 우리에게 말씀하셨다.

기억하라

재활성화로 가는 길의 첫 걸음은 "어디서 떨어진 것을 생각하는(기억하는)" 것이다(계 2:5). 1장에서 논했던 것처럼, 우리는 과거에 살아서는 안 된다. 노스탤지어에 지배당해서는 안 된다. 그러나 이것은 과거가 중요하지 않다는 의미가 아니다. 반대로 성경에서는 하나님 자신이 우리를 위하여, 그리고 우리를 통하여 하신 수많은 위대한 일들을 우리가 기억하기를 원하신다는 것을 보여 주고 있다. 예를 들어 시편은 과거로부터 하나님이 행하신 위대한 일들에 대한 찬송으로 가득하다. 여호수아 4장 20~24절은 구약성경에서 흔하게 등장하는 관습인 '돌을 세우는' 기념식을 예로 보여 주고 있다.

> "여호수아가 그 요단에서 가져 온 열두 돌을 길갈에 세우고 이스라엘 자손들에게 일러 가로되 후일에 너희 자손이 그 아비에게 묻기를 이 돌은 무슨 뜻이냐 하거든 너희는 자손에게 알게 하여 이르기를 이스라엘이 마른 땅을 밟고 이 요단을 건넜음이라 너희 하나님 여호와께서 요단 물을 너희 앞에 마르게 하사 너희로 건너게 하신 것이 너희 하나님 여호와께서 우리 앞에 홍해를 말리시고 우리로 건너게 하심과 같았나니 이는 땅의 모든 백성으로 여호와의 손이 능하심을 알게 하며 너희로 너희 하나님 여호와를 영원토록 경외하게 하려 하심이라 하라."

몇 년 전에 처음 이스라엘을 방문했을 때, 나는 그 돌들이 어디엔가 서 있을 것이라 기대했었다. 왜냐하면 구약 성경에는 돌을 세우는 이야기들이 아주 많이 나오기 때문이었다. 그러나 왜 하나님의 백성들이 그런 기념비들을 세웠는지 주목하라. 그렇게 함으로써 그들과, 그들의 자손들이, 그리고 세상들까지도 그 돌들을 보고 하나님이 행하신 일을 기억하도록 하기 위함이었다. 이 점은 우리가 주님을 바라보고 그분이 언제나 승리하셨다는 사실로 용기를 얻게 될 때 오늘 우리에게 닥친 도전도 이겨낼 수 있기 때문에 너무나 중요하다. 하나님은 어제도 오늘도 그리고 영원히 동일하신 분이기 때문에, 과거에 그러하셨듯이 현재에도 승리하실 것이다. 그래서 오늘 하나님의 사람들은 과거와-지역 교회의 역사와, 그리고 또한 모든 세대의 교회 역사와-연결되어 있어야 한다.

지역 교회의 역사

기성 교회에 새로 부임하는 목회자는 그 교회의 역사가 자신과 함께 시작하지 않는다는 것을 유념할 필요가 있다. 현재 그 교회에 어떤 문제점이 있다 하더라도, 하나님은 과거부터 그 교회에서 일하고 계셨다. 그리고 새로 부임한 목회자와 전 교인들은 오래 전에 하나님이 이루셨던 좋은 일들을 기억하며 소망과 용기를 얻을 수 있다. 앞에서 이야기했듯이, 나는 '영광의 시절'로 돌아가라고 제안하려는 것이 아니다. 그리고 나는 "우리는 언제나 그런 식으로 해 왔기 때문에" 현상 유지를 해야 한다고 주장하는 것도 분명 아니다. 당신은 앞으로 나아가야 한다. 그러나 동시에 그 교회의 과거 역사의 끈을 놓지 않으려 힘써야 할 것이다.

유명하고 성공적인 전임 목회자가 두 명이나 있는 어떤 교회에 내 친구가 청빙을 받았을 때였다. 교인들 가운데 누군가 내 친구에게 "목사님은 엄청나게 큰 신발을 신어야 할 겁니다[훌륭한 전임자들을 따라야 할 것이라는 뜻-역주]"라고 말했다. 어쩌면 당연한 말이었는지도 모른다. 그러자 내 친구는 이렇게 대답했다. "제 신발 가지고 왔는데요. 감사합니다." 이 이야기는 과거의 덫에 걸리지 않는, 곧 과거의 지배를 당하지 않는 첫걸음을 잘 보여주고 있다. 우리는 우리 자신의 신발을 신고 걸어야 한다. 그러나 또한 우리 앞서 걸었던 사람들을 무시하거나 깎아내리지 않도록 주의해야 한다.

전임 목회자의 성공 때문에 위협을 느끼거나 불안할 때, 새로 부임한 목회자들이 두 가지 실수를 범하는 것을 종종 본다. 하나는 그들 자신의 사역으로 드러내려고 전임자의 사역을 깎아내리는 것이다. 또 하나는 전임 목회자의 사역을 복제하려고 하는 것이다. 이 두 가지 접근방식 모두 어떻게 해서라도 피해야 한다. 물론 전임자의 사역 중에 비도덕적인 부분이 있었다면 그 죄로부터 거리를 두어야 할 것이고, 전임 목회자가 한 사역이 바람직했다면 그 진가를 인정하고 찬사를 보내야 할 것이다.

재활성화 사역의 초기 몇 해 동안에는 전임 목회자의 존경할 만한 부분에 대해 존경심을 표하는 것이 좋다. 과거와 닿는 다리를 세움으로써, 그리고 기념받을 만한 가치가 있는 사람들과 사건들을 기념함으로써 당신은 기존 교인들이 그들의 처음 사랑으로 돌아올 수 있도록 동기를 부여할 수 있다. 또한 당신은 그들과 새로운 교인들 사이에 큰 연대감을 형성할 수 있게 된다. 교회의 역사를 기념하는 것은 그 교회의 모든 것을—좋은 것들까지도—바꾸어버리려는 잘못된 열정을 바로잡아 주는 방법이기도 하다.

교회의 과거를 기념할 수 있는 실제적인 방법에는 어떤 것들이 있을까? 예를 들자면, 은퇴하는 목회자는 여러 가지 방식으로 존경을 받아야 한다. 축연, 감사의 선물, 그리고 그가 앞으로 몇 년 간 그 교회에서 계속 섬길 수 있도록 원로 목사로 추대하는 일 등이 있다. 하나님이 그 교회에 하신 일들을 기억하는 주일을 일 년에 한 번 따로 정할 수도 있을 것이다. 목회자는 그 주에 과거의 이야기들을 설교에 넣을 수도 있고, 아니면 그 교회의 역사에서 특별한 이정표가 된 일에 관하여 증언을 해 줄 수 있는 교인에게 그것을 요청할 수도 있다. 그러나 주의할 것은, 그 역사를 당신 자신의 취향이나 과업에 맞추려고 왜곡시키지 말아야 한다는 것이다. 진정으로 칭찬할 만한 것들을 찾아야 하고, 그리고 그것들을 미래의 대의를 위한 깃발로 흔들어야 할 것이다.

보편 교회의 역사

당신이 '돌비를 세워서' 과거와 연결할 수 있는 또 하나의 방법은 교인들에게 그들이 그리스도의 시대부터 지금까지 흘러 오고 있는 교회의 영광스런 역사 중 일부임을 상기시키시는 것이다. 우리는 너무도 자주 우리가 현대 기독교라는 작은 연못의 일부에 지나지 않는다고 생각하는 경향이 있다. 그리고 그렇게 연못 안의 물처럼 결국 고여버리고 만다. 그러나 교회의 역사는 조그만 동네 낚시터가 아니라 미시시피 강처럼 길고 넓다. 그리스도인들은 연못에서 나와 강으로 나아갈 때 더욱 성장하게 된다. 그것은 과거의 목회자와 교사들에 의하여 성도들의 정신이 확장되기 때문이다(엡 4:11). 그리고 이전에 있었던 수많은 위대한 신앙의 선배들에 의해 그들의 마음이 도전을 받기 때문이다.

예를 들어 예배 형식을 정하는 데 있어서도 그 교회의 전통을 따를 수도 있고, 기독교의 역사로부터 도움을 받을 수도 있다. 우리는 초대 교회의 사도신경이나 잉글랜드의 청교도들로부터 계승된 웨스트민스터 신앙 고백 등을 암송할 때 전 세대에 걸친 성도들과 같은 신앙을 고백하게 된다. 그리고 하나님의 사람들이 세대를 이어오면서 부른 위대한 옛 찬송들이 많이 있다. 교인들의 음악 취향이나 정서에 맞지 않는 낯선 것이라는 이유로 이것들을 예배에서 빼버려서는 안 된다. 좋은 것은 쉽게 얻을 수 없다. 시간과 노력을 들여야만 옛 음악들을 즐길 수 있다. 물론 18세기 이후의 음악은 음악도 아니라는 극단적인 생각도 버려야 할 것이다. 우리는 과거와 현재 사이에서 적절한 균형을 유지해야 한다. 하나님은 오늘의 하나님이시다. 그리고 하나님의 본성이 우리의 예배 가운데 드러난다는 점에서, 하나님은 모든 세대의 하나님이시다.[9]

좋은 예배는 과거와 단절하는 현대의 오만에 빠져들지 않고, 과거에 살고 있는 전통주의의 우상 숭배에도 참여하지 않는다. 우리는 한때 현대적이었고 이제는 검증된 위대한 고전적 예배를 계승하고 그 다음에 현대에서 가장 좋은 것들을 받아들여 예배의 형식을 정립해야 한다. 좋은 예배는 신령과 진정으로 드려지고, 그리스도를 찬양하고, 하나님의 사람들의 찬양과 복음이 길을 잃은 사람들에게 전달되는 것을 촉진한다. 좋은 예배는 과거에 살지 않으면서 과거와 연결되고, 현재에 적응하지 않으면서 현재와 잘 어울리고, 미래에 뒤떨어지지 않고 미래를 변화시킨다.

오랫동안 나는 설교 중에 역사적인 인물들을 묘사하여 교인들을 과거와 연결시키려고 노력해왔다. 예를 들어 종교 개혁 주일 저녁에는 종종 내가 마치 마르틴 루터나 존 녹스, 아니면 다른 신앙의 영웅들인 것처럼 '인물' 메시지를 전한다. 독립기념일 즈음한 주일에는 조지 워싱턴이나 아브라함 링컨, 또는 패트릭 핸리의 신앙을 전하면서 역사적인 인물들이 되어 본다. 회중들은 해를 지나면서 그런 메시지들을 매우 열성적으로 받아들였고, 하나님의 일에 대한 인지도가 더욱 높아졌다. 모든 사람이 내 방법대로 똑같이 따라할 필요는 없을 것이다. 그러나 당신은 이런 관점에서 교인들을 가르칠 수 있는 방법을 찾아야 할 것이다. 예를 들어 과거의 예들을 주일 설교에 더욱 많이 인용하는 것이 좋은 방법이 될 수도 있을 것이다.

마지막으로 당신의 교인들을 '연못'에서 '강'으로 옮길 수 있는 또 한 가지 방법은 그들에게 구약 성경을 가르치는 것이다. 하나님 백성의 역사가 지역 교회의 역사만큼 짧지 않고, 신약 성경의 교회만큼 짧지도 않다. 하나님은 그리스도 이전에 2천 년 동안이나 자신을 위하여 사람들을 부르셨다. 그러므로 이스라엘의 역사는 또한 우리의 역사이다. 고린도전서 10장 11절은 이렇게 말한다. "저희에게 당한 이런 일이 거울이 되고 또한 말세를 만난 우리의 경계로 기록하였느니라." 우리 주님은 엠마오로 가는 제자들의 마음에 "모세와 모든 선지자의 글로 시작하여 모든 성경에 쓴바 자기에 관한 것을 자세히 설명"(눅 24:27)하심으로 불을 붙이셨다. 구약 성경은 단순한 도덕적 이야기들의 모음집이 아니라, 구세주 그리스도의 영광스럽고 점진적인 위엄의 발현이다. 다른 말로 하면, 무지개 되시는 분이 그리스도이며, 아치가 되시는 분이 그리스도이며, 성전이 되시는 분이 그리스도이며, 하늘에서 내려오는 사다리가 되시는 분이 그리스도이다. 이런 설교들은 하나님 백성의 가슴에 불을 지펴 은혜의 언약이 성경 전체를 통하여 드러나고, 신약 성경의 영광으로 만개하는 것을 그들로 하여금 보게 한다.

구약 성경은 성경의 신실성을 근거하는 증거의 3분의 2를 차지하고 있다. 구약 성경 없는 신약 성경은 줄기 없는 나무와 같을 것이다(로마서 11장 16~24절을 보라). 이렇게 중요한 하나님의 말씀을 무시하는 것은 하나님이 드러내신 그분의 성품과 속성을 놓치는 것이다.

그러므로 살아 있고 건강한 교회는 '현상 유지 사역'이 아니라 '운동 사역'을 한다. 현상 유지 사역은 과거에 살고 현재에 매달려 있는 것이다. 그러나 운동 사역은 과거로부터 의식적으로 배우는 것이고, 미래를 바꾸기 위하여 현재에서 효과적으로 살아간다. 이런 관점에 비추어, 나는 당신에게 다시 한 번 세 가지를 하라고 권한다.

- 과거를 연구하라.
- 주님이 과거에 축복하신 교훈과 원리들을 숙고하라.
- 이것들을 기념하고, 현재 당신의 교회가 가지고 있는 은사와 자원들이 과거와 적절하게 결합되도록 지속적으로 활용하라.

이것이 하나님의 영광을 드러내는 운동 사역에 도움이 될 것이다.

회개하라

그렇지만 과거를 깊이 살필 때, 그 안에는 기념할 만하지 않은 것들이 있다는 것을 알게 될 것이다. 사실 대부분의 쇠퇴하고 있거나 죽은 교회의 역사에는 전적으로 잘못된 것들이 존재한다. 바로 이것이 교회가 회개해야 하는 이유이다. 그렇다고 슬퍼할 것만은 없다. 왜냐하면 우리가 겸손히 우리 자신을 낮추어 회개하고 기도할 때, 하나님께서 교회 안에서 새롭고 놀라운 일을 시작하시기 때문이다(고후 7:14). 교회가 아직 회개하지 않았기 때문에 하나님께서는 은혜를 유보하고 계신다. 교회가 회개할 때 하나님은 은혜의 물꼬를 열어 전에 없이 부어주실 것이다.

교회가 공동 회개를 하려면 당신은 먼저 은혜의 분위기를 만들어 죄의 고백을 할 수 있도록 격려해야 한다. "우리는 회개해야 합니다. 자, 모두들 회개합시다"라는 말로는 충분하지 않다. 진정한 회개는 고백과 함께 시작된다. 그리고 하나님의 자유케 하시는 용서의 복음을 이해할 때에야 사람들은 비로소 자신들의 죄를 시인하게 된다. 잭 밀러(Jack Miller)는 이 점을 그의 탁월한 책 『Repentance and 20th Century Man』(회개와 20세기의 인간)에서 이렇게 설명한다.

"죄의 자각(conviction of sin) 자체가 목적이 된다면, 그리스도에 대한 믿음은 제쳐두고 인간의 악함만 드러난다면 인간은 언제나 속죄의 상태에 묶여 있어야 할 것이며, 그들은 종교 개혁 이전의 비참한 상태로 돌아갈 것이다. 여기서는 인간의 노력 위에 구원이 세워지기 때문에 그 구원은 전적으로 불안정하다.

이런 상태에 있는 죄인들은 하나님이 자신을 사랑하시는지, 그리고 자신을 그분의 가슴으로 받아 주실 것인지 전혀 알 수가 없다. 감정적으로 그리고 도덕적으로, 모든 것이 혼란스럽고 확실치 않을 뿐이다. 하나님의 약속을 제쳐두고 죄만 드러날 때, 주님 안에 있지 않은 인간의 현실은 더욱 더 뒤틀리고 왜곡될 것이다. 이렇게 고통스러운 양심은 평안할 수가 없다.[10]

악행을 저지른 자가 자신도 하나님의 자비를 얻을 수 있다는 것을 알 때에야 비로소 진정한 그리고 영구적인 회개를 할 수 있는 것이다. 전혀 닿을 수 없는 곳에 은혜가 있다면 자신의 죄를 자각한 죄인은 절망과 하나님에 대한 반항만 깊어질 것이다. 그러나 요한복음은 예수님이 하나님의 일을 완전히 이루셨다는 것을 분명하게 말하고 있다(요 4:34, 17:4, 19:30). 어떤 죄인이라도 원한다면 얻을 수 있을 만큼 사랑은 충분하고 그리고 넘칠 만큼 많이 있다. 예수님이 흘리신 피가 인간의 가장 추악한 죄까지도 깨끗케 하실 것이다. 깨끗이 씻겨 주시는 사랑이 갈보리로부터 흘러넘치고 있다는 것을 우리가 확신할 때 어찌 이에 반응하지 않을 수 있겠는가?"[11]

당신은 또한 변명을 하지 못하도록 권고함으로써 성도들에게 개인적인 책임을 강조해야 한다. 태초로부터 지금까지 사람들은 다른 사람이나 다른 것에 책임을 전가해 왔다. 죄를 지은 뒤에 아담은 하나님과 마주치자 "하나님이 주셔서 나와 함께하게 하신 여자 그가 그 나무 실과를 내게 주므로 내가 먹었나이다"(창 3:12)라고 대답했다. 이 한 문장으로 아담은 자신이 지은 죄의 책임을 하나님과 자신의 아내에게 전가하려는 분명한 의도를 드러냈다. 물론 그 여자도 똑같이 했다. 하나님께서 물으시자 하와는 "뱀이 나를 꾀므로 내가 먹었나이다"(창 3:13)라고 말했다.

죄를 지었을 때 우리가 할 수 있는 두 가지 반응이 있다. 우리는 감출 수도 있고 고백할 수도 있다. 죄를 감추는 가장 일차적인 방법의 하나는 우리 자신을 남이 저지른 잘못의 희생자라고 생각하거나 그렇게 말하는 것이다.

그렇지만 그것이 "아내가 잘못해서"든, "사탄이 나를 유혹해서"든, 그밖에 다른 어떤 책임 전가든지 하나님의 은혜는 우리가 이러한 변명을 내려놓을 때까지 임하지 않는다는 것을 깨달아야 한다. 고린도전서 10장 13절은 이렇게 말한다. "사람이 감당할 시험밖에는 너희에게 당한 것이 없나니 오직 하나님은 미쁘사 너희가 감당치 못할 시험당함을 허락지 아니하시고 시험당할 즈음에 또한 피할 길을 내사 너희로 능히 감당하게 하시느니라." 우리가 다른 사람들의 잘못으로 인해 유혹을 받을 수는 있다 하더라도, 그것 때문에 죄를 짓도록 강요당하는 것은 결코 아니다. 환경이나 사정이 우리를 죄인으로 만들지는 않는다. 이것이 우리에게 영향을 줄 수는 있지만, 이것이 우리의 영적인 약점을 끌어낼 수는 있지만, 이것이 죄를 짓도록 우리를 몰아가는 것은 아니다. 하나님을 배반하는 선택은 오로지 우리 자신이 내리는 것이며, 따라서 우리는 그 죄를 오로지 우리 자신에게만 돌려야 한다. 그리고 이것은 과거에 하나님께 잘못한 교회들에게도 똑같이 적용되는 진실이다. 그러므로 죄 고백은 우리가 지은 죄에 대한 책임이 우리에게 있음을 자인하는 것에서부터 시작해야 한다.

교회는 또한 회개의 열매를 당연히 맺어야 한다. 세례 요한은 "회개에 합당한 열매를 맺으라"(눅 3:8)고 무리들에게 말했다. 이것은 회개가 행동으로 나타나지 않는다면 진정한 회개가 아니라는 뜻이다. 고린도후서 7장 10, 11절은 이와 동일한 진리를 이렇게 가르치고 있다.

"하나님의 뜻대로 하는 근심은 후회할 것이 없는 구원에 이르게 하는 회개를 이루는 것이요 세상 근심은 사망을 이루는 것이니라 보라 하나님의 뜻대로 하게 한 이 근심이 너희로 얼마나 간절하게 하며 얼마나 변명하게 하며 얼마나 분하게 하며 얼마나 두렵게 하며 얼마나 사모하게 하며 얼마나 열심

있게 하며 얼마나 벌하게 하였는가, 너희가 저 일에 대하여 일절 너희 자신의 깨끗함을 나타내었느니라."

여기에 언급되어 있는 회개의 "열매들"을 다음 세 단어로 요약할 수 있다. 배상(Restitution), 회복(Restoration), 그리고 화해(Reconciliation)가 그것이다. 배상은 갚아야 할 것을 되돌려 주는 것이며, 회복은 다시 바로 돌려놓는 것이다. 그리고 화해는 죄로 인하여 무너진 관계를 갱신하는 것이다.

이것은 회개의 본질을 성경에 따라 간단하게 설명한 것일 뿐이다. 이와 관련한 원리들을 더 자세하게 배우려면, 앞에 언급한 잭 밀러의 책이나 켄 샌드(Ken Sande)의 『The Peacemaker』(피스메이커)를 보면 좋을 것이다.[12] 그러나 다음의 나의 설명을 읽어 본다면, 재활성화가 필요한 교회에 내가 위에서 제시한 개념들을 적용하는 것은 어렵지 않을 것이다.

지도자들의 회개

무엇보다도 교회의 갱신은 목회자 자신과 같은 특정 핵심 구성원들의 갱신과 더불어 시작되어야 한다. 여호수아 7장 아간의 이야기가 보여 주듯이, 모든 "장막 안의 죄"가 교회의 사역에 해악을 끼치지만 지도자의 죄는 가장 악한 영향을 미친다. 따라서 교회를 회개로 이끄시는 하나님의 통로는 종종 그들을 목양하는 사람들의 회개에서 시작된다. 그런데도 지도자들이 자신들의 죄를 고백하고 돌이키는 것을 거부한다면, 그 회중에게는 거의 희망이 없을 것이다. 하나님의 방식으로 죄를 다룰 때 우리에게 하나님의 복이 임하는 것이다.

설교 사역을 시작한 지 얼마 되지 않았을 때였는데, 그날 나는 고린도후서 7장을 본문으로 설교를 준비하고 있었다. 이 본문은 위에서 언급한 회개에 관한 것이었다. 이 본문을 연구하면서 나는 2년 전 신학교에서 내가 지은 죄를 깨닫게 되었다. 당시 나는 헬라어 시험을 치르고 있었는데 번역 문제 때문에 애를 먹고 있었다. 그런데 내 앞자리에 앉은 사람이 연필을 깎으러 자리를 비웠고, 풀지 못하고 있던 그 문제의 답이 내 눈앞에 보이는 것이었다. 나는 그것을 내 답안지에 그대로 옮겨 적은 다음 시험지를 제출했다. 그리고 그렇게 세월은 흘러갔다. 그런데 이제 주님께서 그 일이 다시 생각나도록 하셨고, 나는 그 순간 내가 또 다른 시험-정직의 시험과 회개의 시험-에 직면해 있다는 것을 알았다. 이 성경 본문으로부터 지금 내가 깨달았고, 회중에게 설교하려 하는 그 원리대로 나는 살아갈 것인가?

감사하게도, 나는 설교 준비를 멈추고 그길로 그 과목 담당 교수를 만나러 학교로 차를 몰았다. 그 교수가 "괜찮습니다"라고 말하고 그냥 돌려보낼 것을 기대하면서, 나는 그때 나의 행동을 그에게 고백했다. 그런데 그는 "그게 얼마나 중요한 문제인지 아시지요?"라고 물으면서 당시 나의 자료를 찾아내는 것이었다. 그는 내 시험 점수를 0점 처리하고, 그 강의 최종 성적도 B에서 D⁻로 재조정하였다. 우리는 함께 기도했다. 그리고 나는 마치 이 세상 짐을 내 어깨에서 내려놓은 것 같은 가벼운 마음으로 그 방에서 나왔다. 나는 내가 지은 죄를 회개하고 용서를 받았을 뿐만 아니라, 그것에서 돌이켰다. 그리고 이제 깨끗한 양심을 가지고 교회 앞에 설 수 있었고, 교인들에게 그들이 지은 죄를 어떻게 해야 하는지 가르칠 수 있었다.

목회자나 교회 지도자로서 당신은 이렇게 할 경우 득보다 실이 더 클 것이라고 생각하기 때문에, 당신의 죄를 고백하거나 갚고 싶지 않을 수도 있다. 당신은 당신의 명성을 걱정하고, 그것이 다른 사람들에게 끼칠 영향까지도 염려할 것이다. 그러나 당신이 회개하지 않은 죄가 당신 자신을 더욱 괴롭힐 것이며, 또한 그 죄를 덮어둠으로써 교회의 다른 사람들에게도 해를 끼치게 된다는 것을 당신은 반드시 기억해야 한다. 반면, 고백은 용서라고 하는 놀라운 기회를 가져오고, 자기 자신의 문제를 해결해야 하는 다른 사람들에게도 올바른 본이 된다. 지혜자가 한 말을 기억하라. "자기의 죄를 숨기는 자는 형통치 못하나 죄를 자복하고 버리는 자는 불쌍히 여김을 받으리라"(잠 28:13).

교회의 회개

때로는 "장막 안의 죄" 때문에 교회가 정체하거나 쇠퇴한다. 전 교회가 하나님의 말씀을 성실하게 따르지 않을 때에는 공동으로 죄 고백을 해야 한다. 나는 서두에서 언급한 마이애미 파인랜즈장로교회에 처음 부임했을 때 이런 상황에 처했었다. 나는 13년치의 당회록을 읽고 그 교회가 성경 말씀을 제대로 실천하지 못한 것들을 적잖게 찾아냈다. 그래서 나는 장로들과 자리를 잡고 앉아 그것들을 검토했다. 우리는 회개 기도를 했고, 그 다음에 그것을 바로잡는 절차에 들어갔다. 우리는 최근 그 교회를 떠난 400명이 넘는 사람들의 명단을 작정한 다음에, 꼬박 2주 간에 걸쳐 그들 한사람 한사람에게 전화를 했다. 나는 그들에게 이와 같이 말했다.

"안녕하세요, 파인랜즈교회의 새 담임 목사 해리 리더입니다. 교적부를 살펴보다가 전에 당신이 이 교회 교인이었다는 것을 알게 되었습니다. 우리 교회 지도자들이 주님과 교인들을 성실히 섬기지 못했다는 것을 이제야 깨닫게 되었습니다. 그래서 장로들을 대신하여 이렇게 용서를 구하는 전화를 드리게 된 것입니다. 우리가 책임을 다하지 못한 사역들이 너무나 많습니다. 우리를 용서해 주시겠습니까? 그리고 만약 우리가 당신에게 개인적으로 특별히 상처를 준 것이 있다면, 그것을 바로잡을 수 있는 기회를 주지 않으시겠습니까? 우리에게는 그러한 기회가 필요합니다."

이런 대화를 나누고 난 다음에 나는 그들에게 이제부터는 우리가 주님을 잘 섬길 수 있도록 우리를 위해 기도해 달라고 부탁했다. 그 다음에 나는 그들에게 지금 출석하는 교회가 있는지 물었고, 없다고 하면, 그들을 다시 교회로 초청한다고 말했다. 400통의 전화 가운데, 네 가정만 교회로 다시 돌아왔다. 그렇지만 그것은 훌륭한 일이었다. 그 가운데 두 가정이 당시 결혼 생활에 문제가 있어서 이혼 직전까지 간 상태였었는데, 하나님께서 우리의 사역을 통하여 그들을 다시 하나가 되게 하셨다. 그리고 다시 돌아온 남자들 가운데 한 명은 그후 오랫동안 집사로 섬기게 되었다. 그렇지만 이 과정을 통하여 받은 가장 큰 축복은 우리가 용서를 받았다는 것을 알게 된 자유였다. 그리고 이 일로 우리는 당시 지역사회에서 나돌고 있던 우리 교회에 관한 나쁜 소문을 없앨 수 있었다. 용서와 기도를 요청하는 사람에게 해코지를 할 사람은 없을 것이다. 상처를 받고 교회를 떠난 사람들에게 당신이 용서를 구할 때, 그들은 교회에 관한 부정적인 말을 할 필요성을 더 이상 느끼지 못하게 된다. 어떤 사람들은 이렇게 말했다. "나는 파인랜즈장로교회를 떠났지만, 그곳에서 '새로운 날'이 시작되었고 주님이 복을 주시고 있다는 얘기를 듣고 있습니다. 이 소식에 기분이 좋습니다. 그리고 파인랜즈장로교회를 위해 기도하고 있습니다."

교회가 재활성화로 나아가기 전에 먼저 회개해야 할 특별한 죄가 있을 수도 있다. 파인랜즈장로교회에서 목회를 시작하고 얼마 지나지 않았을 때였다. 필요한 물품이 있어 근처 사무용품 가게에 들렀다. 점원에게 우리 교회 장부가 있으면 거기에 물건 값을 달아 달라고 부탁했다. 점원은 그렇게 할 수 없다고 말했다. 우리 교회가 제때 계산을 해 주지 않기 때문에 "현금

거래만 가능"하다는 것이었다. 나는 그 가게 지배인에게 교회를 대신하여 용서를 구했다. 나는 또 전임 담임 목사가 성 추문에 휘말렸고 그의 부인이 그를 칼로 찌르는 사건까지 일어나는 바람에 모든 지역 신문에 그 일이 보도됐다는 것도 알게 되었다. 그렇지만 교회는 그 담임 목사에게 성경적인 교회 권징을 전혀 행사하지 않았고, 그저 그를 교회에서 나가게 했을 뿐이었다. 그래서 우리는 그때의 죄를 고백하고 그 당시 전 교회가 어떻게 했어야 했는지 깨닫고 다시는 그런 일이 없기를 다짐했다.

당신 교회에는 아마 이런 일은 없을 것이다. 그렇지만 재활성화가 필요한 교회라면, 반드시 처리해야 할 과거의 죄가 있을 것이다. 전임 담임 목사나 장로들 가운데 누가 나쁜 일을 저질렀을 수도 있다. 또한 목회자의 돌봄이나 보살핌을 받지 못하고 있는 교인들이 있을 수도 있다. 그리고 실용주의라는 미명하에 성경적 기준이 포기되고 있을 수도 있다. 무슨 일이 일어나고 있건, 지도자들은 교회를 회개로 이끌어야 한다. 아간과 같이 장막 아래 감춰 두지 말라. 고백하고, 되돌려 놓고, 그리고 회개에 합당한 행동을 하라. 이것이 바로 복음이 자유롭고 완전한 용서를 주기 위해 우리에게 요구하는 행동이다.

회복하라

예수님은 에베소교회에게 이렇게 말씀하셨다. "그러나 너를 책망할 것이 있나니 너의 처음 사랑을 버렸느니라 그러므로 어디서 떨어진 것을 생각하고 회개하고 처음 행위를 가지라 만일 그리하지 아니하고 회개치 아니하면 내가 네게 임하여 네 촛대를 그 자리에서 옮기리라"(계 2:4, 5). NIV는 이 부분을 이렇게 번역하고 있다. "회개하고, 네가 처음에 했던 그것들을 행하라." 그러므로 교회 재활성화를 위한 우리 주님의 패러다임에는 '과거를 기억하기, 과거에 지은 잘못들을 회개하기, 그 다음에 "처음 행위"(한글개역, first thing)를 회복하기' 가 들어 있다.

기본으로 돌아가기

'회복'(recovery)이라는 개념은 교회 재활성화의 과업을 이해하는 데 있어서 몇 가지 이유에서 매우 유용하다. 첫째, 이 개념은 대부분의 현대 교회 성장 및 갱신 모델이 가지고 있는 문제점들 가운데 하나를 분명하게 드러낸다. 월스트리트 사업 모델이든, 할리우드 엔터테인먼트 모델이든, 아니면 심리치료 모델이든, 이것들은 한 가지 공통점을 가지고 있다. 이것들은 현대 세계에서 교회 성장을 위한 새로운 전략들이다. 그러나 예수님은 우리에게 교회를 다시 작동하게(re-engineer)하라고 말씀하지 않으신다. 예수님은 우리에게 교회를 다시 세우라고(re-estabilish) 말씀하신다. 예수님은 전혀 새로운 방식으로 "교회를 하라"(doing church)고 하지 않으시고, 이전의 "처음 행위로 돌아가라"고 촉구하신다.

전설적인 풋볼 감독 빈스 롬바르디(Vince Lombardi)에 관한 이야기를 들은 적이 있다. 그가 이끌던 그린베이 파커스(Green Bay Packers)가 뉴욕 자이언츠(New York Giants)에게 큰 점수차로 졌을 때였다. 다음날 선수들은 그에게 호되게 야단을 맞을 것을 예상하고는 다들 굳은 표정으로 연습하러 나왔다. 감독의 일장 훈계를 기다리면서 그 앞에 서 있는데, 그는 아무 말 없이 앞뒤로 왔다갔다 할 뿐이었다. 그러다가 공을 들어 그들 앞에 내려놓는 것이었다. "여러분" 하고 그가 차분한 목소리로 말을 꺼냈다. "이것은 풋볼입니다." 그리고 그는 마치 그 선수들이 이전에 풋볼 경기에 관하여 한 번도 들어 본 적이 없는 듯이, 풋볼의 가장 기초적인 특징을 설명해 나갔다.

그가 말한 핵심은, 자신들이 게임에서 진 것은 게임 전략을 잘못 짜서도 아니고, 상대팀이 절묘한 전략을 가지고 있어서도 아니라는 것이었다. 다만 기초에 충실하지 못했기 때문이라는 것이다. 즉, 방어를 잘하지 못했고, 태클을 잘하지 못했고, 풋볼 경기의 다른 기초들을 잘하지 못했기 때문에 졌다는 것이다. 그리고 다음 주 경기에서 이기려면, 기초로 돌아가 그것을 제대로 해야 한다고 했다. 이것은 우리 주님이 쇠퇴하고 있는 교회에 하시는 말씀과 비슷하다. 교회가 꺼져 가는 불씨에서 불길로 되살아나는 것을 보기 위하여, 우리는 로켓 과학자(또는 마케팅 전문가, 연예인 등)가 될 필요는 없다. 우리는 단지 "처음 행위"로 되돌아가서 그것을 잘 해내기만 하면 된다.

건강과 성장

'회복'(recovery)이라는 말은 의료 분야에서 흔히 쓰이는 용어이지만, 건강한 교회를 세우는 교회 재활성화에도 매우 적절한 용어이다. 오늘날 많은 목회자들과 교회 지도자들이 교회 성장을 이루려고 애를 쓰고 있다. 그러나 이것은 말 앞에 마차를 놓는 것이나 마찬가지이다. 교회 성장은 반드시 교회 건강에서 비롯되는 것이기 때문에, 교회 성장이 아니라 교회 건강이 목표가 되어야 한다.

아이들이 자라고 있을 때, 아내와 나는 아이들을 벽에 표시해 둔 눈금 앞에 세우고 "자 내년에는 이것보다 더 커야 해. 그렇지 않으면 우린 실망할 거야"라고 아이들에게 말하지 않았다. 우리는 아이들의 성장 목표를 정하지 않았다. 단지 그들을 잘 먹이고 잘 돌보는 데 역점을 두었다. 아이들이 건강하다면 잘 자랄 것이라는 것을 알고 있었기 때문이다.

교회도 마찬가지라고 나는 확신한다. 몸이 건강하면 잘 자랄 것이다. 그리고 보통 교회의 성장에 교인 수의 증가가 뒤따르기는 하지만, 언제나 그런 것은 아니다.[13] 그러므로 우리는 교회의 건강에 초점을 맞추어야 하고, 그 성장은 하나님께 맡겨야 한다. 만약 당신이 목표를 달리 설정한다면, 당신은 결국 많은 교인들을 가지고 있는 건강하지 않은 교회―성공한 것처럼 보일지는 몰라도 하나님을 진짜 기쁘시게 하지는 않는 교회―로 마감하고 말 것이다.

인간의 육체가 그렇듯이, 교회의 크기는 건강의 필수 지표가 아니다. 덩치가 크고 건강한 사람도 있지만, 덩치는 크면서 건강하지 않은 사람도 있다. 또한 덩치는 작지만 건강한 사람도, 그렇지 않은 사람도 있다. 비만이 몸을 망치고 거식증이 몸을 여위게 한다는 것을 우리는 알고 있다. 그러나 건강하다면 그 몸은 아주 알맞은 크기일 것이다. 마찬가지로 교회의 건강성 여부는 그 크기에 달려 있지 않고, 그 안에서 무슨 일이 일어나고 있는지에 달려 있다.

그러므로 우리의 초점은 일차적으로 교회의 건강, 곧 생명력(vitality)에 두어야 한다. 발음하기 어려운 말이지만, 내가 재활성화(revitalization)라는 용어를 좋아하는 까닭이 바로 이것이다.

비계냐 기초냐

마지막으로, '회복'(recovery)이라는 개념은 교회 재활성화 사역에 있어서 기존 회중의 중요성을 명심해야 실행할 수 있는 부분이다. 재활성화의 과정에서 지도자의 가장 중요한 책임의 하나는 잃어버린 "처음 행위"를 회복할 수 있도록 돕는 것이다. 그러면 회중의 참여가 그 교회의 미래에 중요한 요소가 될 것이다.

나는 재활성화 프로젝트를 진행하는 목회자들이 회중에 대하여 가지고 있는 매우 다른 두 가지 관점을 발견한다. 어떤 목회자들은 그들이 물려받은 교인들을 새로운 일을 하는 동안 임시로 설치하는 '비계'[높은 건물을 지을 때 작업자들이 디디고 설 수 있도록 임시로 설치한 시설-편집자주]로 여긴다. 기존 교인들은 쓸모없는 물건 취급을 받는다. 이들이 새로운 교회의 일원이 된다면 다행이고, 그렇지 않다면 마치 공사 후의 비계처럼 걷어내 치워버린다.

나는 이러한 관점을 그리스도의 교회를 오용하는 것이라 간주한다. 이것은 목적이 수단을 정당화한다는 실용주의적 원리를 따르는 관점이다. 그러나 실상은 수단이 목적을 결정하며, 이러한 접근법은 결국 하나님을 기쁘시게 하지도 못하고 교회에 득을 가져오지도 못한다. 이러한 점에서 기존 교인들에게 목회적 돌봄이 필요한 것이다. 이들은 자신들의 교회가 쇠약해지고 죽어 가는 것을 지켜 본 상처받고 낙심한 사람들이다. 그리고 그 교회가 비틀거리기 시작했을 때부터 이들의 영적인 필요는 제대로 채워지지 못했다. 이들에게 무엇보다 먼저 필요한 것은 목회자, 바로 어떤 '보다 높은 목적'을 위하여 자신들을 유용하게 사용할 목회자이다. 하나님이 보시기에 이들의 영혼 역시 소중하며, 당신이 이들의 목자라면 이들은 당신의 첫 번째 책임이다. 목회자와 기존 회중과의 관계가 아무리 약하거나 작다고 하더라도, 이것이 다른 모든 것들의 분위기를 결정하고 창출해낸다.

그러므로 내가 권하는 관점은 기존 회중이 잠재적 회중을 위한 '기초'로 여겨지는 것이다. 이들은 찌꺼기가 아니라, 오랫동안 고난을 받아 왔으며 이제는 목자의 치유의 손길이 필요한 하나님의 양떼이다. 하나님이 주신 이들을 사랑으로 돌보는 목회자의 성실함이 목회자가 바라는 미래의 회중의 질과 양 모두의 결정 요인이 될 것이다.

파인랜즈장로교회 재활성화 사역에서 내가 가장 먼저 한 일은 홍보를 하는 것도, 동네에 광고를 하고 다니는 것도, 새로운 프로그램을 도입하는 것도 아니었다. 내가 가장 먼저 한 일은 장로들과 함께 기존 회중의 가정들을 방문하는 것이었다. 담임 목사나 장로들에게 목회 심방을 받는 것은 많은 교인들에게 처음 있는 일이었다. 어떤 가정은 22년 만에 처음으로 목회자가 자기 집에 심방을 온 것이라고 내게 말했다. 이 교회가 죽어 가고 있다는 것이 놀랄 일도 아니었다.

"처음 행위" 회복하기

요한계시록 2장 5절에서 주님은 우리에게 교회 재활성화를 위한 패러다임을 주셨는데, 이것을 우리는 이 세 마디, '기억하라, 회개하라, 그리고 회복하라'로 요약할 수 있다. 그렇다면 과거를 기억하고, 과거의 잘못을 회개한 다음에, 회복하기 위하여 우리가 해야 하는 것은 정확하게 무엇일까? 예수님은 그것을 "처음 행위"라고 부르셨다. 그리고 이 책의 나머지 부분은 바로 이것에 관해 말하고 있다. 이 책을 읽어 나가면서, 하나님이 그분의 말씀 가운데서 우리에게 준비하여 주신 교회 재활성화를 위한 전략들을 읽게 될 것이다. 당신 교회가 주님이 원하시는 교회가 되는 것을 보고자 한다면, 이러한 성경적 역학을 철저하게 이해하고 실천에 옮겨야 한다.

첫 번째 처음 행위는 하나님의 은혜의 복음이다. 이것이 모든 것의 출발점이다. 그리고 이것이 바로 파인랜즈교회에서 내가 재활성화 사역을 시작했던 출발점이기도 하다.

부임하고 첫 설교도 하기 전에 내가 마주친 도전들은 너무나 놀라운 것들이었다. 나는 복음 안에 능력이 있다는 것을 알고 있었지만(롬 1:16), 적어도 그 교회의 일부 교인들은 회심하지 않았다는 의구심을 떨칠 수 없었다. 그래서 나는 복음만을 설교하는 것으로 나의 목회를 시작했다. 나의 첫 설교 본문은 디모데후서 1장 12절이었다. 이 설교에서 나는 그리스도에 대한 구원의 믿음이 개인적으로 반드시 필요하다는 것과 믿음의 본질을 선포했다. 그리고 이 설교를 출발점으로 놀라운 변화가 잇따르기 시작하여, 결국은 회중의 절반 이상이 공개적으로 그리스도께 헌신하게 되었다.

특별히 흥미로운 것은 한 오르간 반주자와 한 집사에 관한 이야기로, 이들 두 사람 모두는 이미 그 교회에 출석한 지 수년이 지난, 바로 이 첫 주일에 진정한 그리스도인이 되었다.

03)

하나님의 은혜의 복음

The Gospel of God's Grace

복음은 우리가 해야 하는 일에 관한 것이 아니다.
회개와 그리스도에 대한 믿음은
우리에게 값없이 주신 하나님의 구원에 대한 응답일 뿐이다.
우리가 믿기로 결정했기 때문에 우리를 구원하시는 것이 아니다.
오히려 우리의 믿음은 하나님이 우리를 구원하시는 방식이다.

03)
하나님의 은혜의 복음

 출석 교인이 960명에서 50명 정도로 줄어들었기 때문에 노회가 교회 문을 닫기를 바라고 있을 때, 당신이라면 그 교회에서 첫 설교로 무엇을 하겠는가? 전임 목회자에게서 그 교회에 사탄의 표가 있다는 소리를 들었을 때, 당신이라면 무슨 설교를 하겠는가? 당신이라면 어디에서 시작할 것인가? 내가 직면한 도전은 분명했다. 그래서 나는 복음으로 시작했다. 나의 첫 설교 본문은 디모데후서 1장 12절로, 여기서 바울은 "이를 인하여 내가 또 이 고난을 받되 부끄러워하지 아니함은 나의 의뢰한 자를 내가 알고 또한 나의 의탁한 것을 그날까지 저가 능히 지키실 줄을 확신함이라"라고 말했다.
 나의 메시지는 개인적인 믿음—바울은 '나'라는 단어를 이 한 절에서 여섯 번 사용했다—의 불가결성에 초점을 두었다. 나는 새로운 회중에게 구원하는 믿음은 앎과 확신과 신뢰로 이루어진다고 가르쳤다.[14] 바울은 이렇게 말한다. "나는 안다, 나는 확신한다, 그리고 나는 그에게 의뢰한다." 마지막으로 나는 우리의 믿음에는 오직 하나의 합당한 대상, 바로 예수 그리스도가 있다고 단언했다. "나는 내가 믿는 그분을 안다." 내가 믿는 무엇(what), 내가 믿게 된 때(when), 내가 믿는 그것(that)이 아니었다. 바울은 사실에 대한 자신의 시인(what)을 믿은 것이 아니다. 그는 회심의 체험(when)을 믿은 것이 아니다. 그는 자신의 믿음(that)을 믿은 것이 아니다. 그의 믿음은 유일하게 합당한 대상, 곧 예수 그리스도—그분이 누구이고 그리고 우리의 죄로부터 우리를 구원하시기 위하여 그분이 하신 일이 무엇인지—에 뿌리를 두고 있었다.

나는 이 설교를 하기 전에 오르간 반주자에게 설교 마지막에 내가 기도하는 동안 잔잔하게 반주를 하라고 미리 일러두었다. 그 시점에서 나는 자신들의 삶을 그리스도께 바칠 기회를 교인들에게 주고 싶었다. 그런데 기도를 시작하고 교인들에게 기도하라고 권고했는데도, 반주가 나오지 않았다. 나는 한쪽 눈을 뜨고 오르간 쪽을 힐끗 쳐다보았다. 아무도 없었다. 당연히 반주자가 그 자리에 앉아 있을 것이라고 생각했던 나로서는 너무 당황스러웠다. 더구나 그녀가 받는 보수는 내 사례비와 별반 차이도 없는데! 혹시 내 설교가 너무 형편없어서 그녀가 나가 버린 것은 아닐까 하는 생각이 들었다. 그러나 눈을 뜨고 회중 쪽으로 고개를 드는 순간 나는 그녀가 앞쪽에 무릎을 꿇고 앉아 있는 것을 보았다. 그녀의 두 눈에서는 눈물이 흐르고 있었다.

"목사님." 그녀는 내게 말했다. "목사님이 말씀하신 것이 내게는 없습니다. 나는 그것을 원합니다."

그녀의 이름은 록산느였다. 플로리다 국제대학교 음악대학 학장이었으며 거의 8년 간이나 파인랜즈교회에서 성가대장을 하고 있었지만, 그녀는 바로 그날까지 그리스도를 알지 못했다. 예배가 끝날 때까지 아내가 그녀와 상담을 하고 함께 기도했다. 그리고 나는 교인들에게 배웅 인사를 하려고 뒤쪽으로 갔다. 그런데 너무나 이상했다. 내가 뒤쪽으로 갈 때까지 한 사람도 나와 인사를 하려고 기다려 주지 않는 것이었다. 모든 교인들이 나보다 먼저 밖으로 나가버렸다. 그래서 그들을 보려고 밖으로 나갔을 때, 그들은 벌써 주차장을 빠져나가고 있었다. "와 주셔서 고맙습니다. 다음 주에 다시 뵙지요"라고 말하고 싶었지만 아무도 없었다. 그날 나는 5분 더 길게 설교를 했고, 그게 사단이 난 것이었다. 그리고 그날 예기치 못한 오르간 반주자의 회심이 있었고….

그때 마침 개인적인 볼일 때문에 주차장 근처에 남아 있던 집사 한 사람을 발견했다. 그는 내가 자신의 질문에 답을 할 수 없을 것이라는 표정으로 내게 물었다. "목사님, 록산느가 오늘 엎드려서 뭘 한 거지요?"

"그녀는 구원을 받고 있었습니다." 내가 대답했다. "그녀는 자신의 삶을 예수님께 드렸어요."

"오늘 일어난 일이 무엇인지 생각해 봤습니다." 그가 말했다. 나는 그가 '배를 흔들었다'며, 위험스러운 열광주의를 조장했다고 비난하지나 않을까 걱정했다.

그렇지만 그는 말했다. "목사님도 아시겠지만, 나도 내 삶을 예수님께 드려야 해요."

"잭." 나는 그에게 말했다. "당신은 록산느처럼 강대상 앞에 엎드릴 필요는 없어요. 어디에서나 회개하고 믿을 수 있어요. 바로 지금 예수 그리스도께 헌신할 수 있고, 그리고 바로 이곳에서 구원의 선물을 받을 수도 있답니다."

"목사님이 그렇게 말씀하실 줄 알고 있었어요." 그가 빙긋 웃었다. "기도

시간에 나는 의자에 기대고 가만히 앉아 있었답니다." 그의 얼굴이 다시 진지하게 바뀌었다. "이 교회에서 나는 14년 동안 집사였어요. 그리고 나는 위선자였죠. 내 삶을 그리스도에게 헌신하기로 했다고 전 교인 앞에서 말할 수 있는 기회를 제게 주시겠어요?"

나는 그에게 다음 주일 예배 중에 시간을 내 주겠다고 말했다. 그리고 그와 함께 기도하고 집으로 갔다. 그 주 화요일에 나는 잭이 가구를 만들다가 전기톱에 엄지손가락이 잘렸다는 전화를 받았다. 사람들이 그를 병원으로 급히 옮겼고, 그는 잭슨메모리얼 병원이 마침 그때 새로 들여놓은 신형 미세 외과 수술 기구의 덕을 보았다. 그의 손가락은 봉합됐고, 경과가 좋아지기를 기다리고 있었다. 병원으로 그를 찾아갔을 때, 그의 손은 붕대에 감겨 있었고, 진통을 줄이기 위해서 움직이지 않게 어깨 위로 고정되어 있었다.

그는 돌아오는 주일에 교회에 가서 회중 앞에서 간증을 할 수 있을지부터 먼저 걱정하고 있었다. 나는 그에게 수술의 경과는 그의 의지와 의사들에게 달려 있다고 말하고, 함께 성경 말씀의 몇 가지 원리를 나누었다. 사탄은 그가 그리스도께 새롭게 헌신하는 것과 그것을 교회와 나누려고 하는 것을 좋아하지 않는다고 그에게 설명했다. 그리고 때로 하나님은 사탄이 우리를 육신적으로 공격하는 것을 허용하신다고 말했다. 나는 또한 그가 알아야 할 두 가지 사실이 있다고 그에게 말했다. 첫째, 하나님이 주권자이시다. 사탄은 하나님이 하라고 허용하신 것 외에 어떤 것도 할 수 없다. 둘째, 하나님이 사탄에게 무엇인가를 하라고 허용하실 때 거기에는 언제나 목적이 있는데, 우리는 그것을 하나님의 섭리라고 부른다. 성경은 모든 것이 선하다고 말하지 않는다. 그러나 성경은 "하나님을 사랑하는 자 곧 그 뜻대로 부르심을 입은 자들에게는 모든 것이 합력하여 선을 이루느니라"(롬 8:28)라고 말한다. 그러니 주님께 의지하고 걱정하지 말라고 잭에게 용기를 주었다.

다음 주일 아침, 그가 교회에 왔다. 붕대로 감은 손을 공중으로 치켜든 채 의자에 기대 앉아 있었다. 설교 시간에 나는 "그분의 손을 봅니다"라고 몇번이나 말하고 싶었지만 참았다. 예배 끝에 축도를 하려고 고개를 숙이는데 그가 손을 공중으로 든 채로 통로로 걸어 나왔다. 나는 교인들 앞에서 그를 맞이하고 그의 어깨를 감쌌다.

나는 잭에게 "오시지 못할 줄 알았습니다"라고 말했다. 그러자 그는 내게 "목사님, 나는 이제 복음과 예수 그리스도가 나를 위해 무엇을 하셨는지 알게 되었습니다. 사탄이 내 손가락을 앗아갈 수 있을지는 몰라도, 오늘 여기서 내가 그리스도께 헌신했음을 다른 사람들에게 고백하는 것은 막을 수 없을 것입니다. 나는 14년 동안이나 위선자였습니다. 그리고 오늘 나는 회개하고 그리스도가 나의 구원자이심을 말하고 싶습니다"라고 말했다.

그의 아내도 걸어 나와서 그의 곁에 섰다. 그리고 나는 믿을 수 없는 광경을 보았다. 55명의 교인 가운데 28명이 앞으로 나왔다. 그들 모두는 자신들의 삶을 그리스도께 처음으로 또는 다시 헌신할 것을 다짐했다.

하나님의 은혜의 복음에 대한 한 번의 메시지, 그리고 하나님의 주권적인 손의 특별한 역사가 이 쇠퇴하는 교회에서 꺼져 가는 불씨를 되살리기 시작한 것이다. 온통 약점뿐인 나였지만, 재활성화는 탈선하지 않고 바른 길로 나아갈 수 있었다. 바로 복음의 엔진이 교회를 움직이고 있었기 때문이다.

첫 번째 "처음 행위"

이 이야기는 중요한 사역을 시작하는 시점에서 복음을 가장 우선하는 것이 얼마나 중요하고 시의적절한 것인지 보여 준다. 다시 말해 당신은 사역을 처음 시작하는 그 출발점에서 예수 그리스도 안에 있는 하나님의 은혜를 설교하고 가르치겠다고 반드시 다짐해야 한다. 우리는 또한 복음이 모든 것에 가장 우선한다는 점을 분명히 인식해야 한다. 복음은 우리 사역의 우선사항(priority)이며 기본(parameter)이며 최우선이 되어야 한다. 그래서 그리스도께서 그 무엇보다도 높임을 받아야 한다. 은혜에 의한 구원의 복음은 교회의(그리고 모든 그리스도인들의 개인적인 삶의) "처음 사랑"의 기초이며 뼈대이며 동기이다. 우리는 이 복음을 바로 세워야 하며, 이것이 우리가 주님을 위하여 하는 모든 일의 형태를 결정 짓도록 해야 하며, 이것이 우리가 그분을 섬기는 이유임을 확신해야 한다. 복음이 교회에서 중심이 아니라면, 당신은 주님이 보시기에 결코 진정으로 성공한 사람이 되지 못할 것이다.

하나님의 은혜의 메시지의 중요성은 성경 어디에서나 강조하고 있으며 예시되고 있지만, 그 예를 몇 가지만 들어 보겠다.

디도서 2장 11~13절. 11절에서 바울은 "모든 사람에게 구원을 주시는 하나님의 은혜가 나타났다"고 말한다. 우리의 구원은 예수 그리스도의 삶과 우리를 대신하신 그의 죽음을 통하여 이루어진다. 이것은 하나님 자비의 살아있는 실현이었다. 우리는 하나님을 알기 위하여 바로 이 '과거의 은혜'를 반드시 이해하고 믿어야 한다. 그러나 바울은 이어 12절에서 이 은혜가 이제 "우리를 양육하시되 경건치 않은 것과 이 세상 정욕을 다 버리고 근신함과 의로움과 경건함으로" 양육하신다고 말한다. 우리는 이것을 '현재의 은혜'라고 부를 수 있을 것이다. 이 말씀은 우리가 은혜에 의해 구원을 받을 뿐만 아니라 은혜에 의해 살아야 한다는 것을 드러내고 있다. 그리고 13절은 "복스러운 소망과 우리의 크신 하나님 구주 예수 그리스도의 영광이 나타나심을 기다려야 한다"고 말한다. 우리는 주님을 섬기기 위해 소

망을 가져야 하고 우리에게는 언제까지나 의지해야 하는 '미래의 은혜'가 존재한다.[15]

로마서 1장 16절과 10장 17절. 사람들이 하나님과의 관계에 들어갈 수 있는 것은 오직 복음을 통해서만 가능하다는 것을 강조하는 두 구절이 있다. 첫 번째 구절은 이렇게 말한다. "내가 복음을 부끄러워하지 아니하노니 이 복음은 모든 믿는 자에게 구원을 주시는 하나님의 능력이 됨이라." 두 번째 구절은 이렇게 말한다. "믿음은 들음에서 나며 들음은 그리스도의 말씀으로 말미암았느니라." 그러나 자세히 살펴보면 이 구절들은, 복음의 계시는 믿지 않는 사람들을 위한 것일 뿐만 아니라, 또한 그리스도인들을 위한 것이라는 사실을 말하고 있다. 로마서 1장 7절과 15절에 따르면, 바울은 이미 구원받은 사람들—로마교회에서 예배하고 있는 이들—에게 복음을 설교하고 싶어했다. 그렇다면 우리가 그리스도인이 된 이후에도 믿음에 있어서 자라야 한다는 것인가? 믿음이 복음을 들음에서 말미암는다면, 우리는 우리의 일생에 걸쳐서 복음을 들어야 한다.

비그리스도인들에게 복음을 설교하고 그들이 성도가 되면, 나는 사실상 복음을 선반에 얹어 두고는 이제 구원받았으니까 더 이상 해야 할 것은 없다고 그들에게 말하는 것이나 다름없이 행동하곤 했다. 그러나 이런 식의 접근은 그들의 영양분과 힘의 가장 큰 원천을 잘라버리기 때문에, 그들이 그리스도 안에서 진정으로 성장하는 것을 막는다는 것을 깨닫게 되었다. 그후로 나는 우리가 복음으로 더욱 깊이 들어갈 수 있지만, 복음을 넘어서서는 절대로 안 된다고 말하곤 한다. 믿지 않는 죄인들이 들어야 하는 메시지는 믿는 죄인들이 들어야 하는 메시지와 동일하다. 달리 말해서, 복음은 그리스도인들을 위한 것이기도 하다.

갈라디아서. 바울 서신인 갈라디아서보다 복음의 중요성을 더 강조하는 성경은 없다. 갈라디아서 1장 8절에서 사도 바울은 이렇게 말한다. "그러나 우리나 혹 하늘로부터 온 천사라도 우리가 너희에게 전한 복음 외에 다른 복음을 전하면 저주를 받을지어다." 그는 그 다음 절에서도 동일한 선언을 반복하는데, 그 어디에서도 바울이 이 문제에서만큼 강경한 어조로 말한 적이 없다. 2장 2절에서 그는 자신이 복음을 잘못 받았다면 자신의 모든 사역들이 "헛된 것"이 될 것이라고 말한다. 2장 11절에서는 다른 사도들이 하나님의 은혜에 대하여 잘못된 영향을 주는 행동을 했던 것 때문에 바울이 그들을 "책망했다"고 말한다. 5장 4절에서는 복음을 왜곡한 사람들에게 "그리스도로부터 구원을 받았지만" "은혜로부터 떨어져 나왔다"고 말한다. 그리고 6장 14절에서는 앞에서 한 모든 이야기들을 이렇게 요약한다. "내게는 우리 주 예수 그리스도의 십자가 외에 결코 자랑할 것이 없으니."

은혜의 복음은 재활성화 사역, 또는 다른 어떤 사역에 있어서도, 가장 중요한 요소이다. 당신이 이것을 일차적 초점으로 삼는다면, 그리고 다른 덜 중요한 것들이 이것을 가려버리지 않도록 한다면, 당신과 함께 일하시는 하나님의 손을 보게 될 것이다.

요약하면, 그리스도 안에서 구원의 은혜의 복음은 죄 가운데서 죽은 사람들에게 생명을 가져다 줄 뿐만 아니라 비틀거리고 있는 믿는 사람들에게도 새로운 생명을 주는 도구이다. 복음은 전도뿐만 아니라 제자훈련을 위한 하나님의 선물이기도 하다. 성경의 모든 본문들은 예수 그리스도 안에 있는 은혜의 복음이라는 영광스러운 진리를 가리키고 있다. 이것이 바로 엠마오로 가던 제자들의 가슴이 예수님이 "모든 성경에 쓴바 자기에 관한 것을 자세히 설명하실"(눅 24:27) 때 뜨거워진 까닭이다.

은혜의 복음 이해하기

복음은 하나님의 구원의 '복된 소식'으로, 그리스도 안에 있는 우리에게 주어진다. 대부분의 그리스도인들이 이것을 알고는 있지만, 많은 그리스도인들이 이 구원이 얼마나 포괄적인지 이해하지 못하고 있다. 이것은 단지 '천국행 티켓'에 지나지 않는 것이 아니라 영원을 포함하는 일괄 계약(package deal)이며, 그 이상이다. 복음은 하나님의 구원의 모든 측면에 관하여 우리에게 이야기하고 있으므로, 복음의 설교자가 되기 위하여 우리는 이 모든 것들을 기억하고 선포해야 한다. 하나님의 은혜로운 구원은 다음과 같은 모든 요소들을 포함한다.

죄의 유혹으로부터의 구원(실제적 부르심). 데살로니가후서 2장 14절은 "이를 위하여 우리 복음으로 너희를 부르사 우리 주 예수 그리스도의 영광을 얻게 하려 하심이니라"라고 말한다. 하나님의 은혜는 본질적으로 진리에 대하여 볼 수 없고 들을 수 없는 우리에게 볼 수 있는 눈과 들을 수 있는 귀를 주신다. 나는 복음을 설교하는 교회에서 성장했으며, 그것을 듣고 또 들었다. 그러나 스무 살이 되어서야 비로소 복음을 이해하게 되었다. 죄인은 바로 나라는 사실을, 지옥에 갈 사람은 바로 나라는 사실을, 용서를 받아야 할 사람은 바로 나라는 사실을 나는 그때에야 깨달았다. 마치 비늘이 떨어져 나가는 것 같았다. 그리고 그것은 하나님이 당신의 은혜로 나를 부르고 계셨기 때문이었다.

죄의 권능으로부터의 구원(거듭남). 이것은 예수님이 "사람이 거듭나지 아니하면 하나님 나라를 볼 수 없느니라"(요 3:3)라고 말씀하시면서 가르치신 바로 그것이다. 거듭나기 전까지 우리는 죄를 짓는 일밖에 아무것도 할 수 없다. 우리는 죄의 종살이를 하고 있다(요 8:34). 그러나 우리는 우리가 지을 수 있는 모든 죄를 다 짓는 것도 아니고, 가장 극악한 죄만 짓는 것도 아니다. 이것은 하나님이 세상에 부여하신 '일반 은총' 때문이다. 또한 거듭나지 않은 상태에서 짓는 죄만큼 나쁘지는 않다고 하더라도, 거듭난 우리는 여전히 하나님의 영광을 위하여 언제나 선한 일만 할 수 있는 것은 아니다(사 64:1; 고전 10:31). 그러나 하나님은 우리의 돌 같은 마음을 당신의 사랑과 인도하심을 느낄 수 있는 부드러운 마음으로 바꾸실 수 있다(겔 11:19, 36:26). 그리고 죄의 권능으로부터의 이러한 구원의 결과는 로마서 6장 17, 18절에 이렇게 기록되어 있다.

> "하나님께 감사하리로다 너희가 본래 죄의 종이더니 너희에게 전하여 준 바 교훈의 본을 마음으로 순종하여 죄에게서 해방되어 의에게 종이 되었느니라."

이것이 하나님이 우리를 부르시어 선포하라고 하신 메시지이다. 우리는 자기만족적인 종교를 설교하지 않는다. 우리는 나이키 기독교(Just Do It)를 설교하지 않는다. 만약 사람들이 구원을 그냥 한번 받아 보길 원하셨다면, 하나님은 당신의 아들을 보내지 않으셨을 것이다. 하나님은 이런 메시지를 보내셨을 것이다. "그냥 한번 해 봐라. 기운 내고 혼자 힘으로 해 봐라." 그러나 하나님은 "우리의 죄로 죽고"(엡 2:1) 그분 안에서 다시 살아나셔야 했기(엡 2:5) 때문에 아들을 보내셨다. 우리가 회개하고 그리스도를 믿을 수 있도록 하나님은 우리에게 새로운 마음과 새로운 본성을 주셨다. 이러한 거듭남의 역사가 없다면 우리는 길을 잃고 헤맬 것이다. 그래서 우리는 그분의 은혜에 절대적으로 의존하고 있는 것이다.

'기독교는 목발'이라고 말한 제시 벤추라[Jessie Ventura, 미국 프로레슬러 출신 정치인-역주]에 대해 어떻게 생각하는지 누가 내게 물은 적이 있다. "제시 벤추라는 틀렸다"고 나는 대답했는데, 이것은 그 질문을 한 사람에게는 별로 놀라운 대답이 아니었을 것이다. 그렇지만 나의 그 다음 말에 그 사람은 놀라고 말았다. "기독교는 단순한 목발이 아니라, 생명 유지 장치입니다." 예수님은 약한 사람들이나 걷지 못하는 사람들을 일으켜 세우기 위하여 오신 것이 아니다. 그분은 죽은 사람들을 살리기 위하여 오셨다. 목발은 사람이 서서 버틸 수 있도록 해 주는 것이다. 그러나 기독교는 사람이 서 있을 수 있을 정도로만 버티게 해 주는 단순한 도구가 아니다. 바로 이것이 우리가 믿음의 보상으로 거듭남을 얻는 것이 아닌 까닭이다. 우리가 믿을 수 있도록 하시는 것은 하나님의 주권적 행동이시다.

죄의 형벌로부터의 구원(칭의). 하나님은 우리에게 새로운 마음을 심으신 동시에 새로운 이력을 주셨다. 예수 그리스도께서 완벽한 삶을 사시고 우리의 대속물로 희생의 죽음을 당하셨기 때문에, 하나님은 당신이 보시기에 우리가 의롭다고 선언하신다. 우리가 믿을 때 우리는 값없이 주시는 은혜의 선물로서 그분의 의로움을 받는다(롬 3:21~24, 6:23). 우리는 그리스도로 옷 입는다(갈 3:27). 그리고 이사야 1장 18절의 말씀처럼 영원히 우리의 죄를 씻김받는다.

"오라 우리가 서로 변론하자 너희 죄가 주홍같을지라도 눈과 같이 희어질 것이요 진홍같이 붉을지라도 양털같이 되리라."

복음 안에 있는 모든 것은 '복된 소식'이며 이것은 모든 것 가운데 가장 복된 소식이 되어야 한다.

죄의 자리로부터의 구원(입양). 하나님이 성령으로 우리를 부르시고, 우리에게 새로운 마음을 주시고, 우리를 당신 앞에서 의롭다 선언하실 때 그분은 또한 우리를 새로운 가족으로 이끄신다. 이전에 우리는 '진노의 자녀'(엡 2:3)였으며, 우리의 영적 아비는 마귀였다(요 8:44). 그러나 우리를 당신의 자녀로 입양하심으로, 이제 하나님께서 우리의 아버지가 되셨다(롬 8:15; 엡1:5). 그러므로 우리는 더 이상 죄의 고아가 아니라 왕의 자녀이다. 그리고 왕의 자녀로서 우리는 또한 그분의 왕국의 모든 약속의 상속자이다(갈 4:6, 7). 우리는 하늘에서 영원히 아버지를 사랑하고 섬길 것이다.

죄의 습관으로부터의 구원(성화). 거듭남, 칭의, 그리고 입양의 축복은 우리가 그리스도인이 될 때 완전히 우리에게 베풀어진다. 그러나 성화의 축복은 이 땅에서 우리가 살아가는 동안 계속되어, 하나님이 성령의 점진적인 사역으로 우리를 예수님과 더욱 닮은 사람으로 만드신다. 이런 의미에서 우리의 구원은 지금도 여전히 일어나고 있다. 성경은 과거에 "구원받았다"고 말하면서 또한 현재 "구원받고 있다"고 말한다(고전 1:18; 고후 2:15). 이러한 성경 구절들은 성화의 과정, 곧 죄로부터 '벗어나는' 과정을 가리키고 있다. 에베소서 4장 22~24절은 이것을 이렇게 묘사한다.

> "너희는 유혹의 욕심을 따라 썩어져 가는 구습을 좇는 옛 사람을 벗어버리고 오직 심령으로 새롭게 되어 하나님을 따라 의와 진리의 거룩함으로 지으심을 받은 새 사람을 입으라."

그러므로 복음은 어떻게 하면 그리스도께로 가기 시작할 수 있는지에 관한 좋은 소식일 뿐만 아니라, 어떻게 하면 평생 그리스도와 함께 걸어갈 수 있는지를 알려 주는 소식이다. 그리고 끝으로 복음은 미래에 무슨 일이 있을 것인지를 우리에게 말해 준다.

죄의 현존으로부터의 구원(영화). 언젠가는 성화의 과정이 완성될 것이다. 그리고 우리는 죄와 고통이 힘을 쓸 수 없는 새로운 몸을 받게 될 것이다(롬 8:23; 고후 5:1; 계 21:4). 그리고 이런 의미에서 우리의 구원은 여전히 미래이다. 이런 까닭에 바울은 "이제 우리의 구원이 처음 믿을 때보다 가까왔음이니라"(롬 13:11)라고 말할 수 있었다. 우리는 구원받았고, 구원받고 있고, 구원받을 것이다. 바로 이것이 그분의 교회 안에서 우리가 하는 모든 것의 기초이며, 구조이며, 그리고 동기로서, 우리가 선포하기 바라시는 복된 소식이다.

우리가 바로 앞에서 논한 약속들을 재검토해 보면, 당신은 복음이 전적으로 하나님이 하신 일에 관한 것임을 알게 될 것이다. 복음은 우리가 해야 하는 일에 관한 것이 아니다. 회개와 그리스도에 대한 믿음은 우리에게 값없이 주신 하나님의 구원에 대한 응답일 뿐이다. 우리가 믿기로 결정했기 때문에 우리를 구원하시는 것이 아니다. 오히려 우리의 믿음은 하나님이 우리를 구원하시는 방식이다. 이것이 바로 성경이 우리가 "믿음으로 말미암아" 구원받았다고 말하고, 믿음 그 자체가 하나님의 선물이라고 말하는 까닭이다(요 6:65; 엡 2:8; 빌 1:29). 그러므로 우리가 설교하는 복음은 과거와 현재와 미래의 구원을 위하여 그리스도 한 분만을 믿고 의지하라고 사람들에게 촉구하는 것이어야 한다.

이에 대한 좋은 사례가 하나 있다. 조지아 주 말콤 인근의 시골에 버즈라는 오랜 친구가 있었다. 어느 날 나는 점심시간에 이 친구와 함께 복음을 나누었다. 자리에서 일어날 때가 되자 그는 계산서를 들고는 그날 자신이 알게 된 것에 고무되어 이렇게 말했다.

"목사와 식사를 하게 되면 식사 값을 내가 치러야 하는 거라고 아버지께 배웠거든. 오늘 점심 값은 내가 계산하겠네."

"버즈, 자넨 멋진 아버지를 두었군." 나는 웃으면서 "자네 부친이 하라고 하신 대로 하게나"라고 말했다.

그도 같이 웃으면서 좋다고 했다. 그리고 그는 이런 말을 덧붙였다. "자네가 오늘 내게 한 말을 내가 이해한 거라면, 예수님은 2,000년 전에 이 세상에 오셨고, 내 계산을 대신 치러 주신 거야. 그리고 내가 할 일은 그저 그분이 내게 주신 것을 받아들이고 내 자신이 지불하려고 애쓰는 것을 그만두는 거지." 버즈는 그날 그리스도께 헌신했고 그의 남은 삶 동안 주님을 섬겼다. 그는 복음의 핵심을 알았고, 그것이 그가 그리스도를 따르는 동기가 되었다. 2년 전 나는 버즈의 장례식을 위해 그의 무덤 옆에 서게 되었다. 그는 40대 중반에 갑작스런 죽음을 맞았다. 그러나 그날 나는 버즈의 삶에 있었던 하나님의 구원의 은혜에 관하여 500명이 넘는 사람들과 나눌 수 있었다. 그의 회심, 그리고 그의 죽음까지도 하나님은 수많은 사람들에게 복음을 가져다 주는 도구로 사용하셨다.

당신 사역의 초점이 이 복음의 메시지를 전하는 데 놓여 있다면, 당신은 또한 가장 힘든 시기에 있는 사람들에게 그들이 필요로 하는 소망을 가져다 주게 될 것이다. 내가 첫 설교를 한 그날 그리스도인이 된 오르간 반주자 록산느와 내가 마지막으로 대화를 나누었을 때, 그녀는 자신이 폐암 말기라고 내게 말했다.

"오래가지 못할 거라고들 하네요." 그녀가 말했다. "곧 하나님이 나를 집으로 데려가실 것 같아요. 그렇지만 나는 준비가 되어 있어요. 그리고 나는 가서 그분과 함께 지내고 싶어요." 이 여성은 메트로폴리탄 오페라에서 노래를 불렀고, 음악대학 학장을 지냈다. 그리고 수많은 업적을 이룬 사람이었다. 그러나 그는 하나님이 자신의 마음과 삶을 변화시키고 예수 그리스도를 구주로 믿게 하신 그 주일 아침 이야기만 하고 싶어했다. 그날 그녀가 받은 구원은 그녀가 소유하고 있는 가장 값진 것이었으며 그가 영원을 바라며 가장 애쓴 것이었다. 이것이 바로 모든 이들을 위하여 복음이 할 수 있는 것이다. 이것이 진정으로 "모든 믿는 자에게 구원을 주시는 하나님의 능력"이다(롬 1:16).

당신 교회에 은혜의 복음을 적용하라

이처럼 복음은 우리의 삶을 변화시키는 중요하고 능력 있는 메시지이기 때문에, 예수 그리스도의 교회 안에서 우리가 하는 모든 일의 중심이 되어야 할 것이다. 설교하고 가르치는 모든 것이 복음에 기초해야 한다. 복음에 기초하지 않더라도, 최소한 복음에 연결되어야 한다. 가령 당신이 가정 예배에 관하여 가르친다면, 우리를 위하여 자신을 내어주신 하나님을 우리가 왜 예배해야 하는지를 당신은 사람들에게 이해시켜야 한다. 그리고 당신이 헌금이나 순결같은 특정한 하나님의 명령에 관하여 설교한다면, 어떻게 하면 우리가 진정으로 순종할 수 있는지, 곧 십자가를 통하여 우리에게 오는 하나님의 은혜를 통해서만 순종할 수 있다는 것을 말해야 한다.

성경의 모든 본문들은 어떤 식으로든 복음과 연결되어 있다. 그 연결을 찾고, 그것을 당신의 교인들이 알 수 있도록 도와주어야 한다. 복음은 믿지 않는 사람들을 위한 것임과 동시에 믿는 사람들을 위한 것이라는 사실을 기억하라. 그리고 하나님의 약속들에는 우리가 찾아낼 수 있는 아주 깊이 있는 진리가 있다는 것을 깨달아야 한다. 그러므로 복음을 끊임없이 설교하는 것이 설교가 "단단한 식물"이 아니라 "젖"이 되어야 한다는 것만을 의미하지는 않는다(히 5:12~14). 물론 복음은 "젖"과 같을 필요가 있다. 그러나 또한 복음은 "단단한 식물"과도 같아야 한다. 달리 말하면, 우리는 복음으로 더욱 깊이 들어갈 수 있으며 그것을 더욱 폭넓게 적용할 수 있다. 그렇지만 우리는 그것을 떠나서는 결코 안 될 것이다.

어떤 대가를 치르고라도 우리가 피해야 할 것은 지나치게 '율법주의'적인 설교와 가르침이다. 브라이언 채플(Bryan Chappell)은 이 점을 매우 잘 설명했다.

> "설교의 서두가 아무리 의도가 좋고 성경에 뿌리를 두고 있다 하더라도, 그 메시지가 그리스도의 사역에 대한 적절한 이해를 이끌어내지 못한다면, 그 설교자는 단지 바리새주의에 불과한 것을 선포하고 있는 것이다. 성경의 전체에 충실한 설교는 하나님이 요구하시는 것이 무엇인지를 분명하게 지시할 뿐만 아니라, 또한 경건을 가능하게 하는 구속의 진리를 밝히 드러낸다."[16]

복음을 왜곡시키는 오류를 피하라

복음은 교회 사역의 중심이기 때문에, 우리는 사탄이 복음의 능력을 파괴하지 못하도록 경계해야 한다. 사탄은 두 방향 가운데 하나로 복음으로부터 우리를 끌어냄으로써 파괴한다. 첫째, 우리는 '율법주의' 또는 '도덕주의'라고 불리는 오류에 쉽게 빠질 수 있다. 이 개념 속에는 우리가 하나님과 맺고 있는 관계가 값없이 주시는 칭의의 은혜가 아니라 우리의 행위에 달려 있다는 뜻이 들어 있다. 제리 브리지스(Jerry Bridges)는 이러한 정서가 믿지 않는 사람들뿐만 아니라 그리스도인 사이에도 얼마나 널리 퍼져 있는지를 설명한다.

"일이 잘 풀리고 좋은 날이 이어지면, 우리는 하나님이 우리에게 복을 주고 계신다고 생각한다. 하나님의 축복은 그리스도를 통하여 우리에게 온다는 것을 우리는 알고 있다. 그러나 우리는 또한 하나님의 축복이 우리의 행동에 달려 있다는, 희미하지만 분명히 실재하는 관념을 가지고 있다. 내 친구 하나는 이런 생각을 하곤 했다. '내가 이런 일을 하면, 하나님이 내게 오시게 되거든.'
이런 생각은 우리에게 '나쁜' 일이 일어날 때 더욱 강해진다. 하나님의 사랑을 박탈당한 듯한 기분이 들 때가 간혹 있을 것이다. 하나님이 복음을 전하는 도구로 자신들을 쓰지 않으신다고 생각하는 까닭이 무엇인지 사람들에게 물어보았다. 대부분의 대답은 '나는 가치가 없어서'라거나, 아니면 '나는 그렇게 착하지 않아서'였다.
이러한 대답은 그리스도인의 삶에 대한 일반적인 오해를 드러내고 있다. 은혜에 의해 구원받았다 해도, 우리의 행동에 의해 시시때때로 하나님의 축복을 얻거나 박탈당한다는 오해 말이다."[17]

한번은 다른 그리스도인과 골프를 치러 간 적이 있었다. 우리는 페어웨이 옆을 따라 큰 도로가 지나가는 홀로 갔다. 친구가 드라이브를 날렸는데, 공이 그 도로 쪽으로 날아갔다. 게다가 바람까지 세게 불어 공은 더욱 멀리 날아갔다. 나는 굉장한 속도로 날아간 공이 달리고 있는 차들에게 피해나 주지 않을까 걱정했다. 그렇지만 공은 사고를 내기는커녕, 키 큰 소나무를 맞고 튀어나와 곧장 카트가 다니는 포장길로 날아갔다. 그리고는 그린 전방 10야드 앞에 멈추는 것이었다. 나는 믿기지 않는 표정으로 친구를 쳐다보았다. 미소를 띤 채 그가 말했다. "내가 오늘 아침에 큐티를 했거든." 물론 그의 말은 농담이었다. 그러나 많은 그리스도인들이 하나님과의 관계를 이런 식으로 생각한다. 하나님과 함께하고 하나님을 기쁘시게 하는 시간의 즐거움이 동기를 부여하는 대신, 마치 상사에게 아첨하여 점수를 따듯 오늘 하루 더 좋은 날이 되기 위해 경건의 시간을 갖는다. 그리고 일이 잘못될 때면, 우리의 시련조차도 하나님의 계획의 일부라는 것을 알고 하나님의 은혜에 의지하는 대신, 하나님이 우리를 잊으셨거나 우리를 더 이상 사랑하지 않으신다고 두려워한다. 그러나 하나님은 우리와 우리의 행위 때문이 아니라 그리스도와 그분이 하신 일 때문에 그리스도 안에서 우리를 사랑하신다는 것을 기억해야 한다. 하나님은 결코 그리스도를 사랑하시는 것을 멈추지 않으실 것이므로, 결코 우리를 사랑하는 것을 멈추지 않으실 것이다. 또한 하나님은 지금 우리를 사랑하시는 것보다 앞으로 더욱 더 많이 우리를 사랑하실 것이다-그리스도 안에서.

이제 막 새로 그리스도인이 된 누군가를 생각해 보자. 그는 여전히 알코올 의존증이나 마약 중독같은 심각한 문제로 힘겨운 싸움을 하고 있다. 그런데 이 사람이 자신의 중독을 이겨내고, 신실한 가정을 세우고, 성공적인 목회자가 되고, 그리고 수많은 사람들을 그리스도께로 이끌 것이라고 상상해 보자. 당신이 기억해야 할 것은, 지금 힘겨운 싸움을 하는 이 갓 태어난 성도에게 가장 중요한 소명은 바로 지금 이 순간이라는 사실이다. 그가 거듭난 것은 바로 지금이다. 그가 의롭다 하심을 받은 것은 바로 지금이다. 그가 하나님의 자녀로 입양된 것은 바로 지금이다. 그는 아마도 앞으로 실제의 삶에서 더욱 그리스도를 닮은 사람으로 성장할 것이며, 하나님과 더욱 풍성한 관계를 나누는 사람으로 자랄 것이다. 또한 앞으로 사랑의 아버지께서 그에게 더 큰 시련을 주시는 일은 없을 것이다. 그러나 그리스도 안에서 이미 그를 사랑하고 계시는 지금보다 더 큰 하나님의 사랑은 앞으로 없을 것이다.

교회가 하나님이 값없이 주시는 놀라운 은혜의 진리에 대하여 지속적으로 강조를 한다면, 율법주의나 도덕주의의 덫에 걸리지 않을 것이다. 그러나 진리의 다른 측면에 도사리고 있는 또 다른 덫을 주의해야 한다. 당신 교회 안에서 선을 행하는 분위기를 만들 수 없다면, 사탄은 방종이나 반율법주의(antinomianism)라는 또 다른 극단으로 당신을 몰아갈 것이다. 순종이나 경건의 대가로서 은혜를 강조하면 교회를 심각한 위험에 빠트리기 쉽다. 하나님은 죄의 유혹, 죄의 권능, 그리고 죄의 습관으로부터 우리를 구원하고자 하신다고 복음이 우리에게 말하고 있다는 것을 기억하라. 예수님은 우리의 죄를 용서하려고 오셨을 뿐만 아니라, 성령의 능력으로 우리를 변화시키려고 오셨다(딛 2:11~14; 요일 3:1~10).

최근 많은 교회들이 하나님의 은혜를 설교하고, '도덕주의'(moralism)에 지나지 않는 것을 피해야 한다는 것을 자각하기 시작한 것 같다. 이것은 고무적인 발전이다. 그러나 나는 또 다른 오류를 우려하고 있다. 그것은 사람들이 율법주의와 도덕주의로부터 해방되고 하나님의 은혜와 구원의 충만함을 이해하면서도, 어찌된 일인지 우리가 죄 가까이 살고 있는 것을 보여줌으로써 받은 은혜에 대한 믿음을 증명하겠다는 오류이다. 나는 이것을 은혜에 대한 보헤미안적 관점이라고 부른다. 기억하라. 가슴 깊이 느끼는 하나님의 은혜에 대한 믿음이 죄와의 평화 협상으로 우리를 이끌어서는 안 될 것이다. 하나님의 은혜는 우리를 죄 가까이 이끌어 가는 것이 아니라 죄로부터 멀어지게 한다. 그러므로 그리스도가 보혈을 흘리신 그 값이 얼마나 큰 것이었는지 안다면, 우리를 죄로부터 구원하기 위하여 하나님의 독생자를 내놓으신 것이 하나님의 입장에서 얼마나 힘든 것이었는지 안다면, 우리는 죄를 증오해야 할 것이다. 그리고 우리는 그리스도 안에 있는 하나님의 은혜에 참으로 감사하여 그분께 순종하고 그분을 섬겨야 할 것이다. 예수님은 "너희가 나를 사랑하면 나의 계명을 지키리라"(요 14:15)고 말씀하셨다.

은혜의 복음과 회개와 그리스도에 대한 헌신은 서로 모순되거나 배타적인 것이 아니다. 우리는 사람들에게 그들이 얼마나 나쁘든 상관없이, 하나님은 그들을 지금 바로 용서하실 만큼 그들을 사랑하신다고 말해 주어야 한다. 그러나 또한 하나님은 그들이 가는 길을 그대로 내버려두지 않으실 만큼 그들을 사랑하신다고도 말해야 한다. 모든 선한 행위의 뿌리는 그리스도에 대한 믿음이라는 것을 우리는 분명히 해야 한다. 그러나 우리는 또한 그 뿌리는 언제나 열매를 맺는다는 것을 강조해야 한다. 물론 그들이 하나님의 계명들을 지켜야 하나님이 그들을 사랑하실 것이라는 관념으로부터 자유롭게 해 주어야 할 것이다. 그러나 또한 하나님이 그들을 사랑하신다면, 그들도 결과적으로 하나님을 사랑하게 될 것이며, 하나님의 계명을 지키고 싶어 하게 될 것이라는 것을 알려 주어야 할 것이다.[18]

그러므로 교회에서 복음의 능력이 나타나는 것을 보려면, 당신은 진리를 성경적이고 균형 있게 표현해야 한다. 만약 당신이 반율법주의의 혐의를 전혀 받지 않는다면, 당신은 은혜의 복음을 분명하게 설교하지 않고 있는 것이다. 그리고 당신이 반율법주의의 혐의에 대하여 답변하지 않고 있다면, 당신은 은혜의 복음을 완전하게 설교하지 않고 있는 것이다. 이것이 로마서 6장 1절과 15절의 바울의 말에 나타난다. 여기서 바울은 그리스도인이 되는 것을 너무나 '쉽게' 만들었다는 비난을 받았다는 뜻을 비친다. 그를 비난한 사람들은 바울의 은혜의 교리가, 그리스도가 죽으심으로 하나님으로부터 값없이 용서를 받을 수 있다고 말해서 사람들을 더 큰 죄로 이끈다고 말했다. 그러나 이 비판에 대하여 바울은 그리스어로 가장 강력한 말을 써 가면서 해명한다("그럴 수 없느니라"로 번역된 'me gentia'는 저주의 말이다). 그리고 계속해서 그는 은혜에 의해 진정으로 구원을 받은 사람이라면 그 은혜에 의해 영원히 변화될 것이며, 그러므로 그들은 더 이상 죄 가운데서 살고자 하지 않을 것이라고 설명한다.

에베소서 2장 8~10절은 또한 이와 관련하여 매우 도움이 된다. 여기서 바울은 이렇게 말한다.

> "너희가 그 은혜를 인하여 믿음으로 말미암아 구원을 얻었나니 이것이 너희에게서 난 것이 아니요 하나님의 선물이라 행위에서 난 것이 아니니 이는 누구든지 자랑치 못하게 함이니라 우리는 그의 만드신 바라 그리스도 예수 안에서 선한 일을 위하여 지으심을 받은 자니 이 일은 하나님이 전에 예비하사 우리로 그 가운데서 행하게 하심이니라."

이렇게 그림을 그려 보라. 복음은 생명의 강이다. 율법주의의 댐이 그 물이 흘러가는 것을 막을 수 있다. 그리고 반율법주의의 폐기물이 그 강을 오염시킬 수 있다. 에베소서 2장 8, 9절("은혜로 우리가 구원을 얻었다")이 율법주의의 댐을 날려버린다. 그 다음에 10절("선한 일을 위하여 지으심을 받은")이 반율법주의의 오염을 정화한다. 그리하여 우리는 사람들을 자기 의와 자기도취의 양쪽 길로부터 돌려놓을 수 있는 아름다운 하나님의 은혜의 물결 가운데 남는다.

예수 그리스도 안에서 당신의 은혜로 우리를 바른 길로 인도하시는 하나님을, 우리를 우리 맘대로 가도록 내버려두지 않으시는 하나님을, 그리고 당신의 은혜로 우리를 믿음에서 믿음으로, 승리에서 승리로, 언제나 영광으로 변화시키시는 하나님을 찬양하라.

예수 그리스도, 복음의 영웅에게 초점을 맞추라

복음 중심적인 교회는 그리스도 중심적인 교회이다. 이는 그분이 복음의 재현이시기 때문이다. 위험스런 오류들을 피하면서 하나님의 은혜를 강조하기 위하여 우리는 예수 그리스도의 인격을 중심으로 사역을 수립해야 한다. 그래서 히브리서 12장 1, 2절은 이렇게 말한다. "인내로써 우리 앞에 당한 경주를 경주하며 믿음의 주요 또 온전케 하시는 이인 예수를 바라보자."

재활성화를 해야 하는 교회로서 우리는 어떻게 하면 우리의 두 눈을 그리스도께 고정시킬 수 있을까? 교회의 사역들뿐만 아니라 우리의 설교와 교육 모두 그분에게 초점을 맞추어야 한다. 우리는 그리스도의 탁월성(고전 2:2)을, 그리스도의 사랑(고후 5:14)을, 그리스도의 십자가(고전 2:2)를, 그리고 그리스도안에 반드시 거해야 함(요 15:1~8)을 끊임없이 강조해야 한다. 그리고 그 무엇보다도 우리는 언제나 교회가 예수 그리스도께 속해 있다는 것을 기억해야 한다. 이것은 우리의 교회가 아니다. 이것은 교단에 속해 있는 것도 아니다. 이것은 그리스도의 신부이며 그리스도의 몸이다.

마태복음 16장 18절에서 우리 주님은 "너는 베드로라 내가 이 반석 위에 내 교회를 세우리니 음부의 권세가 이기지 못하리라"라고 말씀하셨다. 이 말씀은 교회가 그리스도께 속해 있다는 것을 분명히 하면서, 더하여 또한 고통스러울 수도 있는 사역을 수행해야 한다는 확신을 우리에게 심어 준다. 교회를 세우는 것은 우리가 아니다. 그 일을 하시는 이는 바로 예수님이시다. 우리는 단지 그분의 일에 동참하고 그분 아래서 일하는 특권을 가졌을 뿐이다. 그러므로 우리가 그분께 의뢰하고 그분의 가르침을 따름으로써 그분과 더불어 계속 일할 때, 이 '건설 프로젝트' 의 가능성들은 무한하다. 천 가지 재능과 열정을 가진 '전문가' 도 그리스도를 벗어나서는 교회를 세우거나 새롭게 할 수 없다. 그러나 단 한 사람의 충성스런 일꾼이라도 그분과 함께한다면 그가 아무리 연약하고 재능이 없다고 느낄지라도 그는 재활성화가 일어나는 것을 보게 될 것이다.

남북전쟁에 대한 이런 일화가 있다. 계곡을 지나가던 셔먼 장군의 군대가 언덕 위에서 남부군 깃발을 흔들면서 자신들을 조롱하는 남부군 병사 한 명을 보았다. 셔먼은 병사 셋을 보내 그를 사로잡아 오라고 명령했다. 북부군 셋이 그를 추격하자 남부군 병사는 언덕 너머로 사라졌고, 그를 따라 북부군 병사들도 사라졌다. 셔먼의 군대는 언덕 너머에서 전투가 벌어지는 소리를 들었다. 그리고 잠시 뒤 남부군 병사만 다시 언덕 위에 나타나 깃발을 흔들었다. 셔먼은 그를 잡으라고 1개 분대를 보냈고, 그들 모두 다시 사라졌고 이어 똑같은 소리가 들려왔다. 또 다시 그 남부군 한 명만 언덕 위에 나타나 깃발을 흔들었다. 셔먼은 "대대를 보내 저 놈을 잡아오라"고 명령했다. 대대가 그 언덕으로 진군했다. 그리고 언덕 너머로 그 군인을 추격했다. 전투가 벌어지는 소리가 들렸다. 그리고 이번에는 북부군 병사 하나가 부상을 당한 채 언덕을 기어 셔먼에게 다가왔다.

"장군님, 더 이상 군대를 보내 저 놈을 추격하지 마십시오."

셔먼이 그 이유를 물었다.

"함정입니다. 우리보다 두 배나 많이 있습니다."

이 이야기는 성공적인 교회의 기초가 되는 복음의 진리를 상기시킨다. 영적 전투에서 지옥의 모든 대적들을 무찌르기 위해서는 그들보다 두 배의 수가 필요하다. 당신과 예수 그리스도께서 무적의 팀을 만들어 주님이 당신과 함께한다면, 마귀는 절대로 이길 수 없다. 주님은 당신을 지옥의 심판으로부터 보호하신다. 그리고 주님은 죽어 가는 사역의 실패로부터 당신을 보호하실 것이다. 그러나 주님의 능력이 당신 가운데서 발휘될 수 있으려면, 그리고 당신의 승리를 위한 모든 영광이 주님께 돌아가려면, 주님과 그분의 복음이 당신이 하는 모든 것의 중심이 되어야 한다.

04)
기도

Prayer

당신이 '하나님의 말씀 안에서 하나님께 말씀을 드릴' 때,
더욱 더 하나님의 뜻에 따라 기도하게 될 것이다.
그리고 하나님은 더욱 더 당신의 기도에 응답하실 것이다.

04) 기도

 성냥이나 라이터 없이 불을 붙이는 것이 어렵다는 것은 누구나 잘 아는 사실이다. 영화 〈캐스트어웨이〉에서 톰 행크스가 불을 붙이느라 애를 쓰는 것을 보았을 것이다. 스카우트나 캠핑 프로그램 같은 것을 통해서 직접 경험을 했을 수도 있을 것이다.
 우주 공간에서 총을 쏴야 한다고 상상해 보자. 아무리 노력해도 할 수 없을 것이다. (이 사실이 공상과학 마니아들을 실망시킬 수도 있겠지만, 우리가 우주 영화에서 보는 화염이 솟는 폭발은 말도 안 되는 허구이다.) 우주 공간에 불이 존재할 수 없는 것은 불을 만들 만큼 충분한 산소가 존재하지 않기 때문이다.
 교회가 불씨를 살려 불길을 일으키는 데 필요한 산소는 바로 기도이다. 기도의 산소가 없다면 아무리 노력해도 갱신의 불길을 일으킬 수 없다. 우리의 끊임없는 기도가 우리에게 필요한 영적인 점화를 하지 않는다면, 재활성화를 위해 우리가 아무리 노력한다 해도 실망만 커질 것이다.

기도의 우선성

첫 번째 "처음 행위"가 하나님의 은혜의 복음이라고 한다면, 그 두 번째는 기도가 되어야 할 것이다. (아니면 기도가 첫 번째 것과 연계되어야 할 것이다.) 죽어 가는 교회가 해야 할 것은 기도이다. 예루살렘교회는 상상할 수 있는 모든 면에서 성공적이었으며(행 2:43~47, 4:32~35 참고), 그 가장 큰 이유는 이 교회가 기도 위에 서 있었기 때문이다.

이 교회의 첫 출발부터 살펴보자. 하늘로 승천하기 직전에 예수님은 성령이 곧 임할 것이니 세상을 향해 당신의 증인이 되라고 제자들에게 말씀하셨다(행 1:4~8). 그리고 사도행전 1장 12~14절은 이렇게 말한다.

> "제자들이 감람원이라 하는 산으로부터 예루살렘에 돌아오니 이 산은 예루살렘에서 가까워 안식일에 가기 알맞은 길이라 들어가 저희 유하는 다락에 올라가니… 더불어 마음을 같이하여 전혀 기도에 힘쓰니라."

얼마 뒤 오순절 날 다락방에 모여 있을 때, 그들은 늘 하던 일을 했을 것이라 우리는 추정할 수 있다. 아마도 그들은 정기적으로, 아마 날마다 함께 기도를 해 오고 있었을 것이다. 그리고 바로 그날 주님이 약속하신 성령이 그들에게 임했고, 3,000명이 믿고 세례를 받았으며, 이 교회가 형성되었다(행 2:41). 이 모든 것이 기도에 대한 신실한 응답이었다.

그러나 얼마 지나지 않아, 이 교회가 발전해 가면서, 이 중요한 사역에 교회 지도자들이 진력할 수 없도록 위협하는 위기가 발생했다. 사도행전 6장 1~4절은 그 이야기를 이렇게 기록하고 있다.

> "그때에 제자가 더 많아졌는데 헬라파와 유대인들이 자기의 과부들이 그 매일 구제에 빠지므로 히브리파 사람을 원망한대 열두 사도가 모든 제자를 불러 이르되 우리가 하나님의 말씀을 제쳐놓고 공궤를 일삼는 것이 마땅치 아니하니 형제들아 너희 가운데서 성령과 지혜가 충만하여 칭찬 듣는 사람 일곱을 택하라 우리가 이 일을 저희에게 맡기고 우리는 기도하는 것과 말씀 전하는 것을 전무하리라 하니."

기도는 이 교회를 세운 이들에게 너무나 중요한 것이었으며, 이 교회의 성공에 꼭 필요한 것이었다. 그래서 그들은 그 밖에 다른 선행이나 필요한 사역들 때문에 기도를 그만두는 일이 생기지 않도록 결정했다. 그런데 오늘날 교회들에서는 기도의 사역보다 다른 사역들이 우선되는 경우가 빈번하다. 많은 경우에 교회들이 쇠퇴하거나 죽어 가는 주 원인이 바로 이것이다. 교회들이 이렇게 무력하게 되는 것은 카리스마 넘치는 지도자가 없기 때문도, 일류 프로그램이 없기 때문도 아니다. 바로 기도를 멈추었기 때문이다. 반면에 기도에 힘을 쏟는 교회는 아무리 상태가 나빠져도 성령의 능력에 의하여 갱신되고 다시 일어설 수 있다.

우리는 교회의 재활성화를 위하여 어떻게 기도해야 하는지 알아야 한다. 그리고 성경에서 하나님은 우리에게 몇 가지 기도 모델을 주셨다. 아래에서 구약 성경과 신약 성경에 각각 들어 있는 기도의 모델 둘을 살펴보고자 한다.

야베스의 기도 다시 보기

역대상 4장 9, 10절은 이렇게 기록하고 있다.

> "야베스는 그 형제보다 존귀한 자라 그 어미가 이름하여 야베스라 하였으니 이는 내가 수고로이 낳았다 함이었더라 야베스가 이스라엘 하나님께 아뢰어 가로되 원컨대 주께서 내게 복에 복을 더하사 나의 지경을 넓히시고 주의 손으로 나를 도우사 나로 환난을 벗어나 근심이 없게 하옵소서 하였더니 하나님이 그 구하는 것을 허락하셨더라."

한 12년 전쯤에 한 친구에게서 이 구절을 소개받아 이것을 가르치기 시작했다. 당시에 나는 이것을 성경에 있는 모호한 구절 중 하나라고 설명하곤 했는데, 놀랍게도 지금은 이 구절이 전혀 모호하지 않다. 'Walk Thru the Bible Ministries'의 브루스 윌킨슨(Bruce Wilkinson)이 『야베스의 기도』(The Prayer of Jabez)라는 작은 책을 냈다. 이 책은 몇 년 동안 최고 판매 부수를 기록했으며, 익숙하지 않던 구약 성경의 이 기도에 대하여 이제는 거의 모든 사람들이 듣게 된 것 같다. 윌킨슨이 이 책을 출판한 뒤에 이 책의 이름을 딴 『여성을 위한 야베스의 기도』, 『십대를 위한 야베스의 기도』, 『어린이를 위한 야베스의 기도』, 『야베스의 기도 묵상』, 『야베스의 기도 일지』, 『지도자용 야베스의 기도』, 『야베스의 기도 음악 CD』, 『mp3 야베스의 기도』, 야베스의 기도 티셔츠, 모자, 포스터, 머그잔, 달력, 심지어 야베스의 기도 마우스패드까지 수많은 파생 상품들이 나왔다.

최근 몇 년 동안 야베스의 기도로 많은 그리스도인들이 복을 받은 것은 확실하다. 그러나 불행히도 그 넘쳐나는 상품들 때문에, 그리고 윌킨슨이 그 성경 구절을 다루는 데서 보인 몇 가지 문제점 때문에 많은 사람들이 또한 이 기도를 외면하게 되기도 했다.[19] 첫 번째 그룹 – 이 책을 좋아하는 사람들 – 에게 나는 그들이 오류에 빠지지 않도록 몇 가지 문제점을 지적하고 싶다. 그러나 나는 두 번째 그룹 – 이 책을 좋아하지 않는 사람들 – 에게 야베스의 기도는 성경에 나오는 기도이며, 그러므로 "하나님의 감동으로 된 것으로 교훈과 책망과 바르게 함과 의로 교육하기에 유익"(딤후 3:16)하다는 것을 기억하라는 도전을 주고 싶다. 바르게 이해하기만 하면, 역대상 4장 9, 10절에 기록되어 있는 이 기도는 우리에게 도움을 주는 모델이 될 수 있다. 그리고 특별히 교회 재활성화와 관련하여 도움이 될 것이다.

『야베스의 기도』의 오류

야베스의 기도의 올바른 사용법을 '되찾기' 위하여 우리는 먼저 이것이 어떻게 잘못 사용되고 있는지를 이해해야 한다. 브루스 윌킨슨의 이 책을 비판하자니 망설여지기도 한다. 왜냐하면 그 책에는 좋은 부분도 있으며 그리고 일부 좋은 결과도 낳았기 때문이다(최소한 사람들에게 더 많이 기도하게 했다). 그러나 이 책에는 '경고 딱지'를 붙일 만한 문제점도 들어 있다. 세심한 분별 없이 이 책을 읽을 경우, 잘못된 길로 가게 될 수도 있다. 그러므로 『야베스의 기도』와 관련한 다음과 같은 우려들을 깊이 생각함으로, 이 성경 구절에 관하여 그리고 기도 전반에 관하여 더욱 정확하고 유익한 이해를 얻게 되기를 바란다.

윌킨슨의 이 책의 첫 번째 문제점은 이 책이 야베스의 성공의 '열쇠'를 잘못 인식하고 있다는 것이다. 사실상 윌킨슨은 이 책 전체를 (심지어 '야베스 상품' 전체를) 잘못된 개념 위에 세우고 있는 것 같다. 야베스가 왜 하나님의 복을 받았는지 탄성을 지르고 난 다음에 윌킨슨은 "틀림없이, 그 결과는 그의 기도로 거슬러 올라갈 수 있다"고 말한다.[20] 이것이 바로 이 책의 나머지 부분에서 이야기되고 있는 모든 것에 깔려 있는 전제이다. 곧 야베스가 하나님께 한 말들이 그의 성공의 열쇠였다는 것이다. 이 책은 뒤에서 야베스를 "기도로 하나님으로부터 '더욱 훌륭한' 상을 받은" 사람이라고 칭한다.[21]

윌킨슨이 바로 이 점에서 오류를 범했다고 나는 말하고 싶다. 야베스의 성공의 열쇠는 그의 성품에서, 곧 그가 "그의 형제들보다 더욱 존귀한 자"였다는 사실에서 찾아야 한다고 이해하는 것이 더 논리적이며, 그리고 그러한 이해가 성경의 다른 곳들과도 일치한다.[22] 그의 성품에 관한 이러한 언급은 짤막한 예화 속에서 제일 먼저 나온다. 그리고 이것이 하나님이 어떤 사람들에게 복을 주시는지에 관한 풍부한 성경적 가르침을 보여 준다. 몇 가지 예가 여기 있다. 모두 기도와 관련 있는 것들이다.

"여호와 하나님은 해요 방패시라 여호와께서 은혜와 영화를 주시며 정직히 행하는 자에게 좋은 것을 아끼지 아니하실 것임이니이다 만군의 여호와여 주께 의지하는 자는 복이 있나이다"(시 84:11, 12).

"악인의 제사는 여호와께서 미워하셔도 의를 따라가는 자는 그가 사랑하시느니라"(잠 15:8).

"여호와는 악인을 멀리하시고 의인의 기도를 들으시느니라"(잠 15:29).

"주여 구하오니 귀를 기울이사 종의 기도와 주의 이름을 경외하기를 기뻐하는 종들의 기도를 들으시고 오늘날 종으로 형통하여 이 사람 앞에서 은혜를 입게 하옵소서 하였나니 그때에 내가 왕의 술관원이 되었었느니라"(느 1:11).

"의인의 간구는 역사하는 힘이 많느니라"(약 5:16).[23]

야베스의 성공에, 또는 그의 기도가 응답을 받은 것에 특별한 '열쇠'가 있었다면, 그것은 그가 평생 일관되게 하나님께 의뢰하고 예배하고 순종했다는 사실이다. 그리고 바로 이 신실한 성품은 오랜 세월이 지나면서 발전해 갔을 것임에 틀림없다. 하나님의 복을 받는 빠르고 쉬운 길 같은 것은 없었다.[24]

야베스가 "그의 형제들보다 더욱 존귀한 자"가 아니었다면, 그의 기도는 아무 의미도 없었을 것이며, 하나님께로부터 아무것도 받지 못했을 것이다. 시편 기자는 "내가 내 마음에 죄악을 품으면 주께서 듣지 아니하시리라"(시 66:18)고 말했으며, 베드로는 남편들에게 "지식을 따라 너희 아내와 동거하고… 이는 너희 기도가 막히지 아니하게 하려 함이라"(벧전 3:7)고 말했다. 「야베스의 기도」는 이 점을 분명하게 가르치지 않는다. 기도가 '열쇠'였다고 주장하는 분명한 오류 때문에 이 책은 하나님의 은혜로 우리의 태도와는 상관 없이 하나님이 이 기도를 들어주실 것이라는 인상을 쉽게 줄 수 있다.

이 책의, 그리고 야베스 '산업'의 또 다른 문제점은 성경에 나오는 기도가 모델이지 주문이 아니라는 사실을 간과한 것이다. 주술적인 힘을 불러일으키기 위해 같은 말을 반복하는 동방 종교의 관습처럼 우리가 성경의 기도들을 '이용'하는 것을 하나님께서는 허락하지 않으신다. 그런데 윌킨슨은 마치 기도를 주문처럼 외운 듯이 이야기한다. 그는 날마다 "야베스의 기도 그대로 기도했다"고 말한다. 그는 "나는 반평생 야베스의 기도를 해

왔다"는 말을 전문용어처럼 쓰면서 "야베스의 기도들"이라고 부르고, 그리고 "야베스의 기도를 하는" 사람들에게 찬사를 보낸다. 이런 모든 말들이 마치 성경적인 기도가 아니라 주문을 외는 것같이 들린다.

역대상이나 성경의 그 어디에도 야베스나 그밖에 다른 사람들이 어떤 말들을 반복하면서 기도했다는 기록은 없다. 야베스가 하나님께 기도했을 때, 그는 그 구절에 기록되어 있는 것보다 훨씬 많은 말을 했을 것이라는 사실은 의심의 여지가 없다. 그곳에 기록되어 있는 말들은 그의 기도의 핵심을 잡아내기 위하여 아마도 요약된 것일 것이다. 그러므로 우리는 이 기도, 그리고 성경에 있는 다른 기도들의 핵심을 배우고자 노력해야 할 것이다. 마치 주문과 같이 같은 말을 계속 반복하여 기도해서는 안 된다.

예수님께서 제자들에게 '주의 기도'를 모델로 주시면서, 바로 그에 앞서 "중언부언"을 경고하셨다(마 6:8). 그리고 예수님은 "이 기도문대로 기도하라"고 말씀하시지 않고 "그러므로 이와 같이 기도하라"면서 이 기도 모델을 제시하셨다. 윌킨스의 비평가 가운데 한 사람도 이와 비슷한 이야기를 했다.

> "우리 주님께서 이 모델을 반복하여 외우도록 의도하지는 않으셨을 것이다. 예수님이 제자들에게 이 기도를 반복하라고 지도하시는 것을 우리는 전혀 찾을 수 없다. 신약 성경의 교회, 사도행전, 아니면 목회 서신들에서도 이러한 언급을 우리는 전혀 발견할 수 없다. 기도를 말 그대로 반복하라는 의미가 들어 있는 곳은 확실히 존재하지 않는다. 이것은 단지 기도 모델, 하나의 모범이었다. 제자들은 예수님께 어떻게 기도해야 할지 가르쳐 달라고 했지, 기도를 달라고 하지 않았다(눅 11:1). 그리고 예수님이 주신 것이 바로 이것이었다."[25]

나는 주님의 기도를 때로 그대로 암송하는 것이 잘못됐다고는 생각지 않는다. 우리가 드리는 기도의 대부분은 주기도문과 성경의 다른 기도들의 개인적인 변형이며, 우리는 성경 전체를 통하여 배울 수 있는 기도의 원리들을 배우고 지도받아야 한다. 『야베스의 기도』 접근법대로라면, 우리는 다른 기도 모델들을 무시하게 되거나 성경의 원리들을 어떤 식으로든 파괴할 수 있다는 심각한 위험이 있다.

파괴될 수 있는 성경의 원리 중 하나는, 하나님은 종종 우리의 기도에 "No"라고 응답하시며, 또한 종종 우리의 바람과는 반대로 응답하신다는 것이다(마 26:39~42; 고후 12:8, 9). 그리고 바로 이 점이 『야베스의 기도』의 또 다른 문제점을 드러낸다. 이 책은 하나님의 '축복'은 반드시 우리가 좋아하는 것이라는 암시를 하고 있다. 성경은 "애통하는 자는 복이 있나니"(마 5:4), "의를 위하여 고난을 받으면 복 있는 자니"(벧전 3:14, 4:14)라고 말하고 있지만, 윌킨슨은 '야베스의 기도가 당신이 원하는 것을 당신에게 줄 것이다' 라는 인상을 주고 있다. 그는 "하나님이 언제나 응답해 주시는 대담한 기도를 어떻게 하는지 당신에게 가르쳐 주고 싶다"라는 말로 이 책을 시작하며, 그는 그 응답은 언제나 "Yes"일 것이라고 분명하게 확신하고 있다. 이 책은 응답되지 않는 기도에 대한 생각을 전혀 논의하고 있지 않고 있기 때문에 내가 이렇게 말하는 것이다. 그리고 이 책은 하나님이 우리보다 우리를 더 잘 아시며 그러므로 때로 우리가 원하는 것이 우리에게 해롭기 때문에 주지 않으신다는 중요한 성경적 진리를 간과하고 있다. 반대로 윌킨슨이 들고 있는 모든 사례들은 그의 바람이 충족되었다는 것들뿐이다. 그리고 그는 반복해서 그 기도의 결과는 "기적"—이 용어에 고난과 박해와 같은 축복이 들어 있다고는 생각할 수 없다—이 될 것이라고 말한다. 이런 식으로 『야베스의 기도』는 불행하게도 비평가들이 지적하고 있듯이, 기복

신앙과 관련 있는 주제들을 그대로 되풀이하고 있다.[26]

역대상 4장에 기록되어 있는 기도는 성경의 실제 사건을 설명하는 내러티브한 부분에 해당하는 것으로, 규범적으로 취급해서는 안 된다. 야베스는 하나님의 주권적인 계획으로 그가 바라는 것을 받았다. 그러나 그 결과가 그것을 추구하는 모든 사람들에게 똑같이 이루어지지는 않는다. 하나님은 종종 우리가 구한 '축복'을 보류하시는 것으로 우리를 축복하신다. 그러므로 윌킨슨의 책에 있는 '응답받은' 기도의 그 많은 증언들이 그의 주장을 뒷받침할 수는 없다. '응답받지 않은' 기도의 많은 증언들 또한 존재할 수 있다. "나는 30일 동안 야베스의 기도를 기도했다. 그리고 내가 얻은 것은 이 너절한 티셔츠 한 장이 전부였다."

『야베스의 기도』에는, 하나님의 주권을 은연중에 부정하는 것을 포함하여, 다른 문제점들도 있다.[27] 그러나 역대상에서 이 부분을 읽을 때, 지금까지 언급한 이러한 우려들로도 충분히 경고가 될 것이다. 이제 야베스의 기도를 더욱 올바르게 이해하기 위하여 고려해 볼 점들로 나아가 보자.

야베스의 기도의 진실

앞에서 이미 언급했다시피, 역대상 4장 9, 10절은 성경의 일부로서, 이것은 "하나님의 감동으로 된 것으로 교훈과 책망과 바르게 함과 의로 교육하기에 유익하니 이는 하나님의 사람으로 온전케 하며 모든 선한 일을 행하기에 온전케 하려 함"(딤후 3:16, 17)이다. 그러므로 야베스의 기도를 무시하거나, 아니면 이것을 우리에게 적용할 수 없다고 말하는 것은 이 책이 가지고 있는 문제점들에 대한 과잉반응이다. 올바르게 이해한다면, 야베스의 기도를 우리에게 적용할 수 있으며, 특히 이것은 재활성화가 필요한 교회의 지도자와 교인들에게 특별히 적용 가능할 것이다.

야베스는 어려운 시대에 이 세상에 왔으며, 그리고 그는 이 세상에도 다 가오고 있는 고난의 시대를 살았다. 그를 둘러싸고 있던 문화적인 환경과 그의 개인사까지도, 모두 그에게는 힘든 것들이었다.

역대상 초반부의 계보들을 비교해 보면, 야베스가 다윗보다 다섯 세대 앞서, 곧 사사 시대에 이스라엘에서 태어났다는 것을 알 수 있다.[28] 그리고 이 시대 이스라엘 역사의 특징은, 사사기에 두 차례 분명하게 표현되고 있다. "그때에는 이스라엘에 왕이 없으므로 사람마다 자기 소견에 옳은 대로 행하였더라"(삿 17:6, 21:25). 잔혹하고 냉혹한 폭력의 역사가 사사기 전체에 기록되어 있어, 도덕적으로나 문화적으로 이때가 이스라엘에게 괴로운 시대였음을 분명하게 보여 준다. 이렇게 야베스는 그의 민족, 또는 그의 '교회'가 약하고 괴로움을 당하고 있던 시대를 살았다.

그리고 그의 초기의 삶은 고통으로 가득 차 있었다. 고통은 그의 중간 이름이 아니었다. 이것은 그의 첫 번째 이름이었다. 역대상 4장 9절은 "그 어미가 이름하여 야베스라 하였으니 이는 내가 수고로이 낳았다 함이었더라"라고 말한다. 브루스 윌킨슨은 이 점을, 그리고 그 함의를 매우 잘 설명하고 있다.

> "히브리어에서 야베스라는 말은 '고통'을 의미한다. 문자적 의미에 충실하게 옮기면 '그가 고통을 일으킨다(또는 일으킬 것이다)' 이다. 장래가 촉망되는 인생의 시작과는 거리가 멀게 들리지 않는가?
> 모든 아기들이 어느 정도는 고통을 가지고 태어난다. 그러나 야베스의 탄생은 보통을 넘어선 것으로, 그의 어머니가 자기 아들의 이름으로 그 고통을 기억하고자 할 정도였다. 왜 이렇게까지 했을까? 임신이나 출산 과정에서 큰 상처를 받았을 수도 있다. 어쩌면 이 아이는 거꾸로 나왔을지도 모른다.

아니면 정서적인 고통이었을 수도 있다. 아기를 임신했을 때 아기의 아버지가 그녀를 버렸을지도 모르고, 죽었을지도 모른다. 그녀의 가정이 경제적으로 궁핍해져서 입이 하나 늘어난다는 것이 적잖은 두려움과 걱정이 되었을 수도 있다.

이 번민하는 어머니의 고통을 유발한 것이 정확히 무엇이었는지는 아무도 모른다. 그렇다고 이것이 어린 야베스에게 별다른 문제가 되지 않았다는 말은 아니다. 야베스는 어떤 아이도 싫어했을 이름을 가지고 자랐다. 자신의 출생이 환영받지 못했다는 것을 날마다 생각하게 하는 짓궂은 놀림과 '이봐, 애야. 도대체 네 엄마는 무슨 생각으로 그런 이름을 지었다니' 라는 조롱 섞인 질문을 참으면서 어린 시절을 보냈다고 한번 상상해 보라.

그러나 야베스의 이름의 가장 무거운 짐은 이것이 그의 미래를 규정했다는 것이었다. 성경 시대의 그의 이름은 너무나 밀접하게 연관되어 있어서 한 개인의 '이름을 잘라버리는 것'은 그를 죽이는 것과 마찬가지였다. 이름은 종종 그 아이의 미래에 대한 희망이나 예언을 담아 지어졌다. 예를 들어 야곱은 '움켜잡는 사람' 이라는 뜻으로, 이 교활한 족장의 이력에 아주 잘 어울린다. 나오미와 그의 남편은 두 아들의 이름을 말론과 실론이라고 지었다. 번역하면, '하찮은'과 '수척한'이다. 그리고 그들은 정확히 그러했다. 그들 둘 다 젊어서 죽었다. 솔로몬은 '평화'라는 뜻인데, 이름에 걸맞게 그는 이스라엘에서 처음으로 전쟁을 겪지 않고 통치한 왕이 되었다. '고통'을 의미하는 이름은 야베스의 미래에 좋은 조짐이 아니었다."[29]

야베스라는 이름이 언제나 그에게 불리하게 작용했음에도 불구하고, 그는 존귀한 사람이 되었으며, 그의 기도는 하나님의 응답을 받았다. 당신은 모든 것이 불리하기만 한—과거의 고통과 어려움, 당신을 둘러싸고 있는 사악한 문화, 그리고 미래에 대한 암담하기만 한 전망— 교회에 있을지도 모른다. 그러나 하나님은 야베스를 축복하셨으며, 그리고 당신이 성경적이고 성실한 기도를 통하여 하나님께 축복해 달라고 구하면, 당신을 축복하시는 분이다.

야베스가 하나님께 요청했던 것은 사실 이것이었다. "원컨대 주께서 내게 복에 복을 더하사 나의 지경을 넓히시고"(대상 4:10). 윌킨슨의 책은 야베스가 하나님을 섬기고 하나님의 영광을 위하여 다른 사람들에게 다가갈 수 있는 더욱 많은 기회를 달라고 기도했다고 말한다. 윌킨슨을 비판하는 사람들이 지적하듯이, 이것은 사실 본문만을 가지고 증명하기는 힘든 억측이다. 야베스는 사실 '더 많은 땅을 구했을 뿐이다.' 그러나 야베스는 경건한 사람이었으며, 따라서 그가 순전히 자신의 이기적인 이유 때문에 그 땅을 원한 것은 분명히 아니었을 것이다. 그리고 우리는 성경을 통해 우리가 원하는 것을 하나님께 구하는 것이 나쁜 것이 아니라는 것을 알고 있다. 사실 성경은 명령과 사례들로 우리에게 그렇게 하라고 말하고 있다(왕상 3:5; 마 26:39; 요 16:24). 그러므로 나는 야베스의 기도에서 우리가 이러한 중요한 진리를 발견할 수 있다고 생각한다. 우리는 하나님께 우리를 축복해 달라고 말씀드려야 한다. 그것도 우리가 바라는 것을 구체적으로.

몇 가지 이유 때문에 우리는 이러한 기도를 이기적이거나 영적이지 않은 것으로 간주하곤 한다. 그래서 우리는 우리가 바라는 것을 하나님께 아뢰지도 않고 곧바로 "당신의 뜻대로 되기를"이라고 건너뛰어버린다. 그러나 우리가 그리스도께 헌신하고 있다면, 그리고 성령 안에서 걷고 있다면 할 수 있는 한 하나님의 뜻에 가까이 가도록 노력하면서 우리가 원하는 것을 구해야 한다. 우리는 교회의 재활성화를 구해야 한다. 우리는 많은 사람들이 구원받을 수 있도록 구해야 한다. 우리는 시설을 개선할 재정을 구해야 한다. 우리는 지도자들이 각자의 사역을 완벽하게 수행하게 해 달라고 기도해야 한다. 우리는 지역사회의 특정한 사람들에게 다가갈 수 있게 해 달라고 기도해야 한다.

이렇게 기도하면서 명심할 것은, 당신이 구하는 대로 들어주시지 않는 것이 하나님의 뜻일 수 있다는 것을 알고 겸손하고 공손한 자세로 기도하는 것이 중요하다는 것이다. 하나님은 어떤 다른 방법으로, 심지어 시험과 시련을 통해서 당신을 '축복' 하기로 작정하실 수도 있다. 그러나 하나님의 뜻이 당신의 요청과 다를 수도 있다 하더라도, 당신은 당신의 간구를 하나님께 가지고 가야 할 것이다. 야베스의 경우에서와 마찬가지로, 당신이 바라는 것들이 당신의 삶을 위한 하나님의 은혜로운 계획과 일치할 수도 있을 것이다. 그러면 당신은 하나님의 영광을 위한 당신의 사역이 성장해 감에 따라 응답받는 기도의 스릴을 알게 될 것이다.

그렇지만 야베스는 복을 달라고 기도했을 뿐만 아니라 보호(protection)를 구하는 기도도 드렸다. 그는 "주의 손으로 나를 도우사 나로 환난을 벗어나 근심이 없게 하옵소서"(대상 4:10)라고 요청했다. '환난'(harm)으로 번역된 히브리어는 죄를 가리킬 수도 있고, 죄의 결과를 가리킬 수도 있다. 이 말은 종종 '악'(evil)으로 번역된다. 따라서 야베스는 자신 안의 악이나 다른 사람들에게서 비롯된 악으로부터 보호해 달라고 하나님에게 구했다고 할 수 있다. 둘 중 어떤 것이든, 좋은 간구라는 것을 우리는 성경 어디에서나 알 수 있다. "우리를 시험에 들게 하지 마옵시고 다만 악에서 구하옵소서"(마 6:3)라고 하는 주님의 기도에도 물론 둘 다 들어 있다. 그렇지만 야베스의 이 말에 대한 가장 그럴듯한 번역은, "근심이 없게 하옵소서"라는 마지막 말에 비추어 볼 때, 두 번째 것이다. '고통'이라는 이 말은 9절에서 사용되고 있는 것과 동일한 것으로, 그 용법으로 볼 때 "나의 이름에 들어 있는 그 고통이 내게 임하지 않게 하소서"라고 말한 것이라고 이해할 수 있다.

바로 이것은 교회의 과거에 대한 우리의 자세에 관해 이 책의 첫 두 장에서 우리가 배운 것과 완벽하게 일치한다. 우리는 과거에 살아서는 안 된다(그것이 좋은 것이든 나쁜 것이든). 그렇지만 우리는 미래를 위하여 과거로부터 배워야 한다. 그러므로 우리의 기도에 이것을 적용하여, 이미 과거에 발생한 악으로부터 교회를 보호해 달라고 하나님께 구해야 할 것이다. 그 악이 무엇인지 알고 있다면 그 이름을 구체적으로 불러야 하고, 그 악에 대한 지혜를 달라고 구체적으로 기도해야 한다. 이러한 기도를 통하여 하나님은 우리가 했던 실수로부터 우리가 배울 수 있도록 도와주실 것이다. 그리고 하나님은 과거의 고통을 미래의 열매로 바꾸실 수 있는 분이다.

또한 당신 교회에 앞으로 닥칠지도 모르는 새로운 악으로부터 보호해 달라고 기도해야 한다. 하나님께서 재활성화의 일을 시작하실 때, 사탄은 간교와 분열과 방해로 대응할 것이다. 당신은 이 대적이 당신 교회의 성장을 막기 위하여 사용할 만한 모든 책략의 목록을 만들고, 그 목록을 보며 규칙적으로 기도해야 할 것이다. 이러한 기도의 선제 공격은 대적들이 공격을 시작하기도 전에 그들을 무력하게 만들 것이다.

역대상 4장 9, 10절은 이러한 선언으로 끝맺는다. "하나님이 그 구하는 것을 허락하셨더라." 하나님은 기도에 응답하신다. 그러나 하나님은 우리가 그분께 구하는 대로 언제나 들어주시는 것이 아니라, 그분의 뜻을 따라서 드리는 기도에 응답하신다(요일 5:14, 15). 이것이 바로 『야베스의 기도』를 통하여 하나님이 우리에게 주시는 축복과 영감의 메시지이며, 야베스의 기도를 통하여 우리가 들어야 하는 메시지이다. 사실 역대상의 이 구절은 궁극적으로 우리 주 예수님의 모범을 제시한다. 예수님은 우리를 위하여 중보하시고 언제나 그 기도의 응답을 통해 축복받으신다. 예수님의 간구는 언제나 하나님의 뜻을 따르고 있기 때문이다(롬 8:34; 히 4:14, 15).

하나님께서 그리스도를 통하여 기도를 들어주시겠다고 약속하신 것을 당신이 정말 믿는다면, 믿음의 기도를 사역의 최우선 과제의 하나로 삼아야 할 것이다. 이것이 교회가 회복으로 나아가는 길에서 당신이 강조하는 "처음 행위"의 하나가 되어야 할 것이다.

예루살렘교회의 고통

재활성화와 관련하여 특별히 도움이 되는 신약 성경의 기도는 사도행전 4장 23~31절에서 발견된다. 예루살렘에 있는 이 개척 교회는 베드로와 요한이 성전에서 체포되고 산헤드린으로부터 그리스도를 설교하고 가르치는 것을 멈추라는 말을 듣게 되는 최초의 중대한 문제에 직면하게 된다. "온 백성에게 칭송을 받던"(행 2:47) 믿는 자들이 갑자기 권력자들에게 미움을 받게 되었다. 감옥에 갇히고 추방당할 위험을 감수하지 않는다면 이들은 더 이상 제자를 삼으라는 예수님의 명령에 순종할 수가 없었다. 교회에 대한 사람들의 반감 때문에 이들은 거부와 편견의 정서적 고통에 더하여 재정적인 어려움까지 겪게 되었다. 이렇게 어려운 상황이 닥쳤을 때, 이들이 한 것은 무엇이었을까? 이들은 기도했다. 사도행전 4장 23~31절은 이렇게 기록하고 있다.

"사도들이 놓이매 그 동류에게 가서 제사장들과 장로들의 말을 다 고하니 저희가 듣고 일심으로 하나님께 소리를 높여 가로되 대주재여 천지와 바다와 그 가운데 만유를 지은 이시요 또 주의 종 우리 조상 다윗의 입을 의탁하사 성령으로 말씀하시기를 어찌하여 열방이 분노하며 족속들이 허사를 경영하였는고 세상의 군왕들이 나서며 관원들이 함께 모여 주와 그 그리스도를 대적하도다 하신 이로소이다 과연 헤롯과 본디오 빌라도는 이방인과 이스라엘 백성과 합동하여 하나님의 기름 부으신 거룩한 종 예수를 거스려 하나님의 권능과 뜻대로 이루려고 예정하신 그것을 행하려고 이 성에 모였나이다 주여 이제도 저희의 위협함을 하감하옵시고 또 종들로 하여금 담대히 하나님의 말씀을 전하게 하여 주옵시며 손을 내밀어 병을 낫게 하옵시고 표적과 기사가 거룩한 종 예수의 이름으로 이루어지게 하옵소서 하더라 빌기를 다하매 모인 곳이 진동하더니 무리가 다 성령이 충만하여 담대히 하나님의 말씀을 전하니라."

여기서 우리는 예루살렘교회가 재활성화를 위한 제일 촉매인 기도를 통해 고난에서 승리로 나아가게 되는 것을 본다. 비록 우리의 교회에서는 쇠퇴와 갱신의 주기가 아주 긴 시간에 걸쳐 나타나겠지만, 이 원리는 여전히 적용가능하다. 불씨를 살려 불길을 일으키기 위하여 우리는 기도해야 하고, 그리고 하나님의 감동으로 된 이 기도의 모델에 따라 기도해야 한다.[30]

찬양의 우선성

예루살렘교회의 성도들이 처한 상황으로 볼 때, 이들은 당장 하나님께 달려가 자신들을 위하여 개입해 달라고 간청했을 것이라고 예상할 수 있을 것이다. 그러나 이들은 이 기도의 마지막까지 자신들의 간구를 실제로 언급하지 않는다. 그 대신, 이들은 하나님이 얼마나 위대하신 분인지를 말하는 것으로 시작한다. 이들은 "대주재여 천지와 바다와 그 가운데 만유를 지은 이시요"(24절)라고 말했다. 이것은 '찬양'이며 모든 기도의 시작이다. 하나님의 위대하심에 우리의 마음을 집중함으로써, 우리는 '하나님의 뜻에 따르는' 기도를 더욱 잘할 수 있게 되며, 하나님이 우리의 간구를 들어주실 것이라는 확신을 가지게 된다.

이러한 찬양의 기도들이 성경 곳곳에 스며들어 있다는 것에 또한 주목하라. 24절은 구약 성경의 구절들을 편집한 내용을 포함하고 있으며, 25, 26절은 시편 2편을 인용한 내용을 담고 있다. '하나님의 뜻에 따라' 우리가 기도한다는 것을 가장 잘 보증하는 방법 중 하나는 말씀들을 실제로 인용하는 것이다. 바로 이것이 기도의 잃어버린 열쇠임에 틀림없다. 이 열쇠를 다시 찾게 되면, 당신의 삶과 사역에 커다란 능력이 열릴 것이다. 제임스 보이스(James Boice)는 성경 말씀과 기도의 관계를 이렇게 설명한다.

"기도는 우리가 하나님께 말씀드리는 것이고, 성경은 하나님께서 우리에게 말씀하시는 것이다. 그리고 이 두 가지는 언제나 함께 이루어진다. 말씀대로 기도하는 것이 바르게 기도하는 것이다. 기도하는 마음으로 성경을 연구하는 것이 바르게 연구하는 것이다. 바로 이것이 예루살렘교회가 하고 있었던 것이다. 그들은 늘 성경을 숙고하고 있었다. 이제 그들이 기도를 시작하자, 말씀이 그들 가운데서 일어났으며, 그들은 자신들이 하나님의 말씀 안에서 하나님에게 말씀 드리고 있다는 것을 알게 되었다."[31]

이 책에서 논의한 교회 재활성화에 특별히 관련이 있는 몇 가지 성경 구절들을 기억하여, 이것들을 당신의 개인적이고 공적인 기도에 지침으로 사용하기를 바란다. 당신이 '하나님의 말씀 안에서 하나님께 말씀을 드릴' 때, 더욱 더 하나님의 뜻에 따라 기도하게 될 것이다. 그리고 하나님은 더욱 더 당신의 기도에 응답하실 것이다.

기도와 예정
예루살렘의 성도들은 더 나아가 이렇게 말했다. "과연 헤롯과 본디오 빌라도는 이방인과 이스라엘 백성과 합동하여 하나님의 기름 부으신 거룩한 종 예수를 거스려 하나님의 권능과 뜻대로 이루려고 예정하신 그것을 행하려고 이 성에 모였나이다"(27, 28절). 어떤 사람들에게는 기도에 실제로 예정의 개념이 언급되고 있다는 것이 이상하게 보일 것이다. 많은 사람들이 예정과 기도는 상호 배타적인 개념이라고 생각하기 때문이다. 하나님께서 모든 것을 예정하셨다면, 왜 우리가 애써 기도해야 하겠느냐고 그들은 말한다. 그러나 이것이 초대 교회에서는 문제가 되지 않았다. 한 주석가의 말대로, 이들은 실제로 "무슨 일이 일어나기 전에 하나님께서 이미 알고 계신다는 사실에 평안할 수 있었다."[32]

이것이 바로 이 기도가 하나님을 "대주재"(24절, 그리스어 despotes)라고 부르면서 시작되는 까닭이다. 존 스토트의 말대로, "그 교회를 잠잠하게 하기 위하여 산헤드린은 경고와 위협과 금지를 쏟아낼 수 있었다. 그러나 그들의 권위는 더 높은 권위에 여전히 복종하고 있었다. 그리고 사람의 명령은 하나님의 명령을 바꿀 수 없었다."[33] 이들은 하나님이 통제하고 계신다는 사실에서 마음의 안정을 찾았을 뿐만 아니라, 이상하게 보일지 모르지만 또한 여기에서 기도의 동기를 찾았다. 이들은 예정하시는 바로 그 하나님이 또한 기도를 통하여—기도와 상관 없이가 아니라—그분의 주권적 의지를 이루기로 작정하고 계신다는 것을 알고 있었다. 달리 말하면, 기도의 목적은 우리가 하나님의 계획을 바꾸는 것이 아니라 우리가 그 계획에 참여하는 것이다. 자비로우신 하나님은 우리에게 기도를 할 수 있도록 허락하셔서, 이 세상에서 그분의 사역에 우리가 참여할 수 있도록 허락하신다.

더글러스 켈리(Douglas Kelly)는 그의 책 『If God Already Knows, Why Pray』(하나님이 다 아시는데, 왜 기도해야 할까?)에서, 주기도문의 "나라이 임하옵시며, 뜻이 이루어지이다"를 논하면서 다음과 같이 설명한다.

"예수님은 우리의 기도가 하나님의 목적을 수행하는 일의 일부라고 우리에게 말씀하고 계신다. 우리는 우리의 인간적 기도를 통하여 그분의 신적 계획에 참여하라는 명령을 받았다. 그분은 야베스나 스페인 무적함대에 맞서 기도했던 사람들처럼, 이 땅에서 필요한 것들을 가지고 그분께 다가오라고 우리를 초대하신다. 우리의 기도는 하늘의 '뜻이 이루어지는' 것을 볼 수 있는 효과적인 통로이다.

이것이 사실이 아니라면, 하나님은 단순히 우리에게 하나님 나라가 올 것이며 염려할 필요 없다고만 말씀하셨을 것이다. 그래서 우리가 해야 할 일은 그저 기도하지 않고 하나님의 계시된 뜻(His revealed will)에 순종하는 것이었을 것이다. 그러나 전능하신 하나님께서는 영원히 규정된 목적을 가지고 아주 놀라운 방식으로 그분의 피조물들을 위한 역사를 만드는 일에 우리를 투입하신다.

하나님의 계획이 우리의 삶 속으로 그리고 온 세상으로 들어오기를 구하는 기도에 대하여 우리가 생각할 때, 이 두 가지 놀라운 성경적 진리를 우리의 마음에 담으면 올바른 관점을 견지할 수 있을 것이다. 첫째는, 하나님은 모든 것을 포함하는 계획을 가지고 계시며, 모든 것에 대하여 완전한 주권을 행사하신다는 것이다. 둘째는, 인간의 기도는 실제로 초자연적인 영역에서 그 효과를 발휘한다는 것이다."[34]

하나님의 주권이 이러한 기도에 배어 있다. 예루살렘교회의 교인들은 분명히 이것을 깊이 확신한 사람들이었다. 우리 주님이 불신자들에 의해 죽임을 당하신 것과 같은 끔찍한 사건이 하나님에 대한 이들의 찬양 가운데 언급되고 있다는 것은, 하나님은 나쁜 일이 일어나는 가운데서도 선한 목적을 가지고 계신다는 것을 이들이 알고 있었기 때문이다. 이에 비추어, 당신의 기도 생활에 관하여 다소 무례한 질문을 한번 해 보겠다. 당신은 힘든 상황에 처해 있을 때 하나님을 찬양할 수 있었는가? 교회에 나쁜 일들이 일어났을 때는? 이러한 도전을 주신 하나님께 감사하며, 하나님께 전적으로 의지하고 오직 하나님으로부터만 모든 선한 결과들이 나온다는 것을 고백하였는가? 그렇지 않다면, 당신은 아직 당신의 간구를 하나님께 가지고 나갈 준비가 되어 있지 않은 것이다.

소원과 탄원

사도행전 4장의 성도들은 하나님의 주권에 대한 깊고, 확고한 믿음을 가지고 있었으며, 그래서 이들은 하나님의 뜻에 따라 기도하고, 하나님이 자신들의 기도를 통하여 일하시는 것을 볼 준비가 되어 있었다. 이들의 첫 번째 간구는 이들의 대적을 하나님께서 막거나 제거해 달라는 것이었다("…저희의 위협함을 하감하옵시고…"). 그리고 이들의 두 번째 간구는 "종들로 하여금 담대히 하나님의 말씀을 전하게 하여 주옵소서"였다. 이것은 구체적인 기도였으며, 자신들의 구체적인 상황에 맞춘 것이었다. 그리고 이것은 우리가 앞에서 논의했듯이, 이들이 일어나기를 바라고 있던 것이었다. 마지막으로, 이들은 대담하게도 자신들의 사역에 병 고침과 그 외에 다른 기사들이 이루어지게 해 달라는 기도까지 했다(30절). 오늘날 우리가 이와 동일한 기적을 달라고 기도해야 하는지는 논의가 필요하겠지만, 이 문제에 대해 어떤 견해를 가지고 있는 사람이든, 초대 교회의 그리스도인들과 같이 우리가 하나님께 우리의 삶과 사역에 위대한 일을 이루시기를 기도해야 한다는 것에는 동의할 수 있을 것이다. 마치 하나님이 "우리 가운데서 역사하시는 능력대로 우리의 온갖 구하는 것이나 생각하는 것에 더 넘치도록 능히 하실 이"(엡 3:20)가 아닌 것처럼 하나님께 적게 구한다면, 그것은 하나님을 얕보는 것이다.

따라서 나는 또 하나의 목록을 작성하라고 제안한다. 당신 교회가 성령의 능력으로 재활성화되면서 당신 교회를 통하여, 그리고 당신 교회 안에서 하나님이 하실 수 있는 모든 위대한 일들의 목록을 만들라. 당신이 상상할 수 있는 모든 축복을 구하는 기도를 부지런히 하라. 그리고 하나님께서 당신이 상상할 수 있는 것보다 더 많은 것을 해 주시는 것을 지켜보라!

기도하면 된다?

사도행전 4장 31절에는 초대 교회의 기도 결과가 이렇게 기록되어 있다. "빌기를 다하매 모인 곳이 진동하더니 무리가 다 성령이 충만하여 담대히 하나님의 말씀을 전하니라." 하나님은 이들에게 표적을 주셨으며, 담대함을 주셨다. 이들이 하나님께 구한 바로 그것들을 주신 것이다. 그리고 하나님은 또한 '이들이 구하거나 생각할 수 있었던 것을 넘어' 이들 주변의 세상이 놀라고 충격을 받을 정도로 서로 사랑하고 서로 섬길 수 있도록 하셨다(32~37절).

야베스의 기도의 결과들 때문에, 이 초대 교회의 기도들 때문에, 그리고 이들과 같은 다른 많은 사람들 때문에, 그리스도인들은 종종 "기도하면 된다"고 말하게 된다. 이것은 어떤 점에서는 맞는 말이다. 그러나 이 장에서 우리가 알게 된 것에 비추어 보면, "기도를 통하여 하나님께서 이루신다"고 말하는 것이 더 옳다고 나는 제안하고 싶다. 일어나고 있는 능력은 하나님께 속한 것이지, 기도 그 자체에 속한 것이 아니다. 그러나 놀라운 능력이 당신 교회의 재활성화 가운데 나타나는 것을 보고자 한다면, 당신은 기도해야 한다.

당신은 기도해야 할 뿐만 아니라, 하나님의 말씀을 설교하고 가르쳐야 한다. 사도행전 6장 4절은 사도들이 "기도에, 그리고 하나님의 말씀 사역에" 전심전력했다고 말하고 있다. 다음 장에서 당신은 신실한 사람들이 성령의 검을 가지고 악에 맞서 싸울 때 어떻게 교회가 재활성화될 수 있는지를 배우게 될 것이다.

05)

말씀의 사역

The Ministry of the Word

하나님의 말씀은 우리의 삶에 자리를 잡는 진리의 기초이자 뼈대이다.
오직 성령의 감동으로 된 하나님의 말씀만이
사람의 마음을 변화시킬 수 있으며,
그리고 오직 성령의 감동으로 된 하나님의 말씀만이
그들의 가장 깊은 필요들의 전부를 채워 주기에 충분하다.

05) 말씀의 사역

  예루살렘교회의 사도들은 "우리는 기도하는 것과 말씀 전하는 것을 전무하리라"(행 6:4)라고 말하여, 교회의 모든 리더십, 특히 목회자의 모델을 제시했다. 바로 앞의 장에서 우리는 기도에 관하여 배웠다. 그리고 이 장에서 우리는 이 구절에 언급되어 있는 또 하나의 "처음 행위", 곧 말씀의 사역을 논할 것이다.

  예루살렘의 이 초대 교회는, 어떤 기준으로 보더라도, 아주 성공한 교회였다. 그리고 그 가장 큰 이유의 하나는 하나님의 말씀이 한 몸 된 그들이 행한 모든 일의 기초였다는 것이었다. 예를 들어, 이 교회의 활동을 요약해 놓은 사도행전 2장 42절을 살펴보자.

"저희가 사도의 가르침을 받아 서로 교제하며 떡을 떼며 기도하기를 전혀 힘쓰니라."

여기에서 "사도의 가르침"이 제일 먼저 언급되고 있다는 사실에 주목하자. 또한 여기에 언급되어 있는 다른 활동들의 기초와 동기 역시 말씀의 사역이다. 사도의 가르침은 물론 선포된 말씀이었다. 그러나 우리는 또한 이들의 친교는 함께 나눈(shared) 말씀의 사역이었으며, 빵을 뗌은 가시화된(visualized) 말씀의 사역이었으며, 기도는 돌려드리는(returned) 말씀의 사역이었다고 할 수 있을 것이다. 교회로서 이들이 한 모든 일은 성경이 중심이 되었으며, 이것에 대한 이들의 전심전력이 이들이 성공한 핵심 열쇠였다. 이 점은 오늘 우리 교회들에도 적용된다. 그리고 특별히 재활성화가 필요한 교회들에 적용된다.

3장에서 나는 바울의 제자로서 그를 섬긴 젊은 목회자 디모데가 에베소 교회의 재활성화 사역에 참여했으며(딤전 1:3), 디모데전서 전체를 바로 이 주제에 대한 교재로 보고 연구할 수 있겠다는 것을 발견했다. 이 서신에서 바울은 디모데에게 쇠퇴해 가고 있는 교회에서 주님이 그를 쓰셔서 좋은 변화의 영향을 끼치게 하실 것이라고 설명하고 있다. 그러므로 디모데전서가 말씀의 사역에 부여하고 있는 높은 우선순위에 주목하는 것은 흥미 있는 일이다.

1장 3~11절에서 바울은 디모데에게, 바른 가르침과 그릇된 가르침을 구분할 수 있도록 성도들을 도와주면서, 잘못된 교리를 조장하는 사람들을 가르치라고 명령하는 것으로 이 서신을 시작한다. 2장 11, 12절에서 바울은 교회 안에 있는 남자들에게 교훈을 주는 것보다, 교훈을 받는 여성들의 중요성을 이야기하고 있다. 3장 1~7절에서 그는 남자들에게 장로의 직무―

규칙을 가르치는 것—를 잘하라고 권하며, 말씀을 가르치는 사람의 자격을 부여한다. 4장 전체는 그릇된 가르침에 대한 또 다른 논의를 하고 있으며, 성실한 말씀의 사역으로 그것을 어떻게 극복할 것인지를 논의한다(5:17, 18, 6:3~5, 17~21 참고).

바울이 디모데에게 두 번째 편지—아마도 이것은 그가 죽기 전에 쓴 마지막 서신일 것이다—를 쓸 때까지, 디모데는 여전히 에베소교회에서, 그리고 다른 교회들에서 재활성화 사역에 힘을 기울이고 있었을 것이다. 그리고 디모데후서에는 말씀의 사역에 관한, 그리고 모든 교회 사역들에서 이것의 중심적인 역할에 관한 구절들이 동일하게 많이 나온다. 디모데후서의 절정은 사실상 바울이 디모데에게 마지막으로 권고하는 아홉 구절이다. 그리고 이 아홉 구절 모두 말씀을 설교하는 것과 가르치는 것에 관한 것들이다. 디모데후서 3장 1~13절에서 바울은 마지막 날들에 교회에 역병처럼 만연하게 될 끊임없는 쇠퇴의 경향을 묘사했다. 그 다음에 그는 자신의 마지막 권고 안에서 그러한 쇠퇴에 대한 대응을 제시한다. 디모데후서 3장 14~17절은 설교되어야 하는 메시지에 관하여 우리에게 말하고 있으며, 4장 1~5절은 그 메시지를 설교해야 하는 사람에 관하여 말하고 있다.

설교되어야 하는 메시지

바울은 디모데후서 3장 14~17절에서 이렇게 말한다.

"너는 배우고 확신한 일에 거하라 네가 뉘게서 배운 것을 알며 또 네가 어려서부터 성경을 알았나니 성경은 능히 너로 하여금 그리스도 예수 안에 있는 믿음으로 말미암아 구원에 이르는 지혜가 있게 하느니라. 모든 성경은 하나님의 감동으로 된 것으로 교훈과 책망과 바르게 함과 의로 교육하기에 유익하니 이는 하나님의 사람으로 온전케 하며 모든 선한 일을 행하기에 온전케 하려 함이니라."

교회에서 재활성화가 일어나는 것을 보고자 한다면, 반드시 설교해야 할 메시지는 무엇일까? 이 구절에서 교회를 재활성화하는 메시지는 각기 다른 일곱 가지 방식으로 기술되고 있다.

복음적인 메시지

첫째, 우리는 구원의 복된 소식을 설교해야 한다. 바울은 디모데에게 배운 것을 기억하라며 이렇게 말한다. "네가 어려서부터 성경을 알았나니 성경은 능히 너로 하여금 그리스도 예수 안에 있는 믿음으로 말미암아 구원에 이르는 지혜가 있게 하느니라"(15절). 설교에 관한 바울의 첫 번째 관심은, 설교는 하나님의 구원의 복음과 구원의 복음을 가르치고 있는 성경에 초점을 두어야 한다는 것이었다. 그런데 여기서 바울이 말하고 있는 성경이 어떤 것인지 살펴보라. 디모데가 어릴 때 배운 것은 성경의 어떤 부분이었을까? 당연히 구약 성경이다. 디모데가 어린 아이였을 때, 신약 성경은 어떤 부분도 기록되지 않았었다. 따라서 이 점은 우리가 바로 앞의 장에서 논의한 것을 확증해 준다. 곧 성경의 모든 부분들이 복음 중심적이라는 것과, 우리 설교의 모든 부분들이 복음 중심적이 되어야 한다는 것이다.

바울에 의하면, 구약 성경도 우리로 하여금 구원에 이르는 지혜를 더하게 한다. 복음이 구약 성경에 분명하게 드러나 있는 것은 아니지만, 그곳에 있는 것만은 분명하다. 구약 성경의 곳곳에 하나님의 은혜의 언약이 예수 그리스도 안에서 그 완성을 이룰 때까지 펼쳐지고 있다. 그리고 이 구원의 메시지는 신약 성경 안에서만큼 구약 성경 안에서도 동일하다. 당신 자신이 의로울 수 있다는 모든 소망을 버리고 그리스도 안에 있는 하나님의 자비를 신뢰하라는 메시지 말이다. 그러므로 우리가 하나님의 말씀, 곧 신약 성경과 구약 성경을 설교할 때, 우리는 그 본문을 복음과 연결지어야 한다. 그렇지 않으면 우리는 "진리의 말씀을 옳게 분별할" 수 없을 것이다(딤후 2:15).

그리스도 중심의 메시지

두 번째, 우리의 설교는 반드시 예수 그리스도의 인격과 사역에 초점을 맞추어야 한다. 바울은 성경 말씀에 관해 "그리스도 예수 안에 있는바 믿음을 통한 구원"에 관한 것이라고 말한다. 인간의 모든 역사는 예수 그리스도를 중심으로 돈다. 그리고 성경 안에 있는 모든 것은 어떤 방식으로든 그분에 관하여 말하고 있다. 하나님이 천지를 창조하심으로 그리스도 안에서 하나님의 구속의 계획이 타락한 세상이라는 무대에서 실현될 수 있었다. 족장들에게 하신 약속은 그리스도 안에서 성취되었다. 출애굽은 그리스도 안에서의 구원의 그림이다. 율법은 '우리를 그리스도에게로 이끄는 가정교사'로 이스라엘에게 주어졌다(갈 3:14). 이스라엘 왕들의 반복된 실패의 기록에서 우리는 유일하고 진실하신 왕의 완전하심과 위엄을 볼 수 있게 되었다. 선지자들은 그리스도의 오심을 예언했다.

복음서들은 그의 사역과 그의 말씀을 기록하고 있다. 사도행전은 그분의 교회가 세워지는 것을 기술하고 있다. 그리고 목회 서신들은 우리에 대한 그분의 계시를 마무리지으며 구원의 유일한 원천이신 그분에게 다시 주목한다. 그러므로 그리스도의 인격과 사역에 관한 것을 말하지 않는 설교는 설교 본문의 의미와 목적을 담아내지 못하고 말 것이다. 그리고 그런 설교는 설교 자체의 의미와 목적도 달성하지 못하고 말 것이다. 이것이 바로 강대상에 전통적으로 "우리는 예수를 보기를 원합니다"라는 말을 새겨넣는 이유이다. 말씀이 선포될 때에는 그분이 그분의 백성들에게 자신을 드러내시도록 해야 한다.

하나님이 주시는 메시지

디모데에게 말씀의 설교자가 되라고 계속 격려하면서, 바울은 "모든 성경은 하나님의 감동으로 됐다"(16절)고 말한다. 바울은 설교의 목적은 우리 자신의 사상이나 앞서 간 위대한 교사들의 사상을 전달하는 것이 아니라는 것을 그의 제자가 알기를 바랐다. 설교의 목적은 하나님의 말씀을 전달하는 것이다. 그러므로 우리에게 설교하거나 가르칠 기회가 주어질 때, 우리의 준비와 발표의 목적은 하나님이 하신 말씀을 가능한 한 성실하고 정확하게 말하는 것이어야 한다. 성경 연구 시리즈를 진행하고 있다면 그 본문에 자신의 계획이나 강조점을 부여하는 것이 아니라, 그 말씀의 의미, 목적, 그리고 개요를 곰곰이 생각하는 데 목적을 두어야 한다. 그리고 우리가 주제 메시지를 발표한다면, 우리의 목적은 다양한 성경으로부터 그 의미와 목적과 강조점들을 함께 끌어내어 하나님이 그 주제에 관하여 말씀하고자 하신 것을 전달해야 한다. 성경적인 설교는 우리가 말하고 싶은 것을 가지고, 그것을 뒷받침할 구절들을 찾는 것이 아니다. 하나님을 대신하여 말하는 것이며, 하나님이 우리를 통하여 말씀하시도록 하는 것이다.

이와 같은 설교와 가르침의 접근법을 보통 '강해'(expository)라고 부른다. 이 말은 말씀의 의미를 밝히거나 드러내는 것으로 이해된다면 좋은 용어이다. 이러한 의미에서 설교와 가르침을 강해하는 것은 성경 한 권을 시리즈로 설교하는 것을 의미하는 것이 아니라(주제 연구는 이런 의미에서 강해가 될 수 있다), 성령의 감동으로 된 말씀 그 자체가 우리가 말할 바를, 그리고 우리가 그것을 어떻게 말해야 할지를 지시하도록 하는 설교이다.

대브니(R. L. Dabney)가 말한 이런 설교가 바로 강해 설교이다.

> "강해 설교 방법은 초대 교회와 종교 개혁 교회들의 방법을 그대로 따라야 한다. 왜냐하면 첫째, 바로 이것이야말로 유일하게 정당한 설교의 목적인바, 하나님의 모든 메시지를 사람들에게 전달하는 유일하게 자연스럽고 효과적인 길임이 분명하기 때문이다."[35]

그리고 존 맥아더(John MacArthur)는 오직 성경을 통해 전해지는 설교에 이렇게 찬사를 보내고 있다.

> "강해 설교는 목회자로 하여금 자유로이 하나님의 모든 계시를 선포하게 하여 완전하고 성실한 사역을 하도록 한다. 강해 설교는 성경적 교육을 촉진하여 구원의 진리에 대한 풍부한 지식을 쌓게 한다. 강해 설교는 절대적인 신적 권위를 전달하여 바로 그 하나님의 음성을 듣게 해 준다. 강해 설교는 설교자를 변화시켜 변화된 회중을 이끌도록 한다."[36]

유익이 있는 메시지

설교가 성령의 영감으로 된 하나님의 말씀으로부터 나올 때, 그리고 하나님이 말씀하시고자 하는 것을 전달할 때, 그것은 언제나 사도 바울이 16절에 덧붙인 것처럼 "유익이 있다." 하나님의 생각은 신적 권능을 가지고 있어서, 이것을 전달하는 사람의 약함과는 무관하게 그의 마음을 휘어잡고 삶을 바꾼다.

최근 나는 젊은 대학생들을 대상으로 한 컨퍼런스에서 설교를 해 달라는 요청을 받은 적이 있다. 내 설교를 그 또래의 문화와 취향에 연결지어 보려고 했지만 나는 어떤 아이디어도 낼 수가 없었다. 만약 누가 내게 가장 훌륭한 음악 밴드가 누구냐고 묻는다면, 나는 아마도 '후티 앤드 더 블로우피쉬'라고 말할 것이다. 사실이 그렇다. 이것이 오십대 남자의 한계이다. 그러나 나는 그 젊은이들에게 가능한 성실하게 성경 구절의 의미와 적용을 설명했다. 그런데 놀랍게도 그들은 경청했으며 정말로 좋아했다. 그후에 그들 가운데 많은 이들이 하나님이 그날의 설교를 통해 자신들의 삶에 역사하셨다고 고백했다. 왜 이런 일이 일어났을까? 그것은 설교자가 좋았기 때문이 아니다. 설교가 기가 막히게 좋았기 때문도 아니다. 바로 하나님의 말씀이었기 때문이다. 하나님의 말씀은 어느 곳에 있는 누구와도 연결할 수 있는 능력을 가지고 있다. 왜냐하면 하나님의 말씀은 우리 모두를 창조하신 바로 그분이 쓰신 것이기 때문이며, 우리가 우리 자신을 아는 것보다 더 잘 우리를 알고 계시기 때문이다.

삶을 변화시키는 메시지

하나님은 또한 어떤 설교자나 교사들보다도 각 사람이 필요로 하는 것이 무엇인지 더 잘 아신다. 그러므로 우리가 성실하게 하나님이 말씀하시려는 바를 전달하면, 성령이 삶을 변화시킨다. 디모데후서 3장 16절은 하나님의 말씀은 "교훈과 책망과 바르게 함과 의로 교육하기에 유익"하다고 말하고 있다.

이 구절에서 의미심장한 것은 그 순서이다. 성경이 말씀하시는 것이 무엇이며 그 말씀이 무엇을 의미하는 것인지를 먼저 가르치기 전까지 당신은 사람들의 삶에 적용할 수 없다. 그렇지만 또한, 본문을 단순히 설명하는 것으로도 충분하지 않다. 당신은 또한 그것을 적용해야 한다. 그리고 그 적용은 '책망'과 함께 시작되어야 한다. 사람들은 자신들이 잘못 간 곳이 어디인지 알아야 하는 것이다. 우리는 모두 본질상 죄인이다. 그리고 우리의 죄를 인식하고 변화되어야 한다는 것을 깨닫기 전까지는 변화될 수 없다. 그러나 그 다음에 적용은 '교정'으로 이어져야 한다. 교정은 책망의 적극적인 측면-우리가 잘못한 것을 어떻게 하면 바로잡을 수 있을까-이다. 그리고 마지막으로, "의로 교육함"이 없는 적용은 결코 완전하지 않다. 당신의 설교와 가르침은 사람들이 어떻게 하면 그들이 배우고 있는 것을 실천할 수 있을지-단순히 회개하는 순간뿐 아니라 지속적인 매일의 삶 가운데서도-이해할 수 있도록 도와주어야 한다.

하나님의 말씀은 우리에게 이러한 교육과 적용의 모델을 거듭해서 제공하고 있다. 그 한 가지 탁월한 모범이 에베소서이다. 이 서신의 첫 세 장에는 우리가 그리스도 안에서 가지고 있는 놀라운 축복의 교리(선택, 칭의, 교회 등등)에 관한 논의들이 들어 있다. 그러나 그 다음 세 장은 우리가 어떻게 하면 그리스도를 위하여 살 수 있을지 이야기한다. 첫째, 그리스도 안에 있는 우리는 누구인가를 배운다. 그 다음에 우리는 그리스도를 위하여 어떤 사람들이 되어야 하는지를 배운다. 에베소서 4장 20~24절은 이 점을 이렇게 요약하고 있다.

"오직 너희는 그리스도를 이같이 배우지 아니하였느니라 진리가 예수 안에 있는 것같이 너희가 과연 그에게서 듣고 또한 그 안에서 가르침을 받았을진대 너희는 유혹의 욕심을 따라 썩어져 가는 구습을 좇는 옛 사람을 벗어버리고 오직 심령으로 새롭게 되어 하나님을 따라 의와 진리의 거룩함으로 지으심을 받은 새 사람을 입으라."

그래서 저 위대한 설교자 바울은 에베소교회 교인들에게, 그리스도께서 그들을 위하여 무엇을 하셨는지를 아는 것만으로 충분하지 않으며 그들이 그리스도를 위하여 무엇을 해야 하는지를 알아야 한다고 말한다. 그리고 바울은 이 일반적인 진리를 단순히 선언하는 것으로 만족하지 않는다. 그는 25~32절로 계속 나아가, 무엇을 '버리고 지켜야 하는지' 구체적이고 실천적인 보기들을 제시한다.

"그런즉 거짓을 버리고 각각 그 이웃으로 더불어 참된 것을 말하라 이는 우리가 서로 지체가 됨이니라 분을 내어도 죄를 짓지 말며 해가 지도록 분을 품지 말고 마귀로 틈을 타지 못하게 하라 도적질하는 자는 다시 도적질하지 말고 돌이켜 빈궁한 자에게 구제할 것이 있기 위하여 제 손으로 수고하여 선한 일을 하라 무릇 더러운 말은 너희 입밖에도 내지 말고 오직 덕을 세우는 데 소용되는 대로 선한 말을 하여 듣는 자들에게 은혜를 끼치게 하라 하나님의 성령을 근심하게 하지 말라 그 안에서 너희가 구속의 날까지 인치심을 받았느니라 너희는 모든 악독과 노함과 분냄과 떠드는 것과 훼방하는 것을 모든 악의와 함께 버리고 서로 인자하게 하며 불쌍히 여기며 서로 용서하기를 하나님이 그리스도 안에서 너희를 용서하심과 같이 하라."

이러한 구절들을 통해 우리는 사도 바울이 가르침과 책망과 바르게 함과 그리고 의로 교육하는 모든 것을 포함한 사역을 수행한, 성령의 감동을 받은 사람의 본보기라는 것을 알 수 있다. 그리고 이것은 우리가 교회 안에, 그리고 개개인 성도들의 삶 안에 변화가 일어나도록 촉구할 때, 우리가 따라야 할 본보기이다.

온전케 하는 메시지

디모데후서 3장 17절에서 바울은 하나님의 말씀을 설교하고 가르치는 것의 목적을 이렇게 말한다. "이는 하나님의 사람으로 온전케 하며 모든 선한 일을 행하기에 온전케 하려 함이니라." 바울은 또한 이렇게 말한다. 교회 안에서 우리의 설교와 교육은 우선적으로 성도를 온전케 하거나 세우는 것이 목적이 되어야 하며, 그렇게 함으로써 성도들이 더 좋은 예배자와 하나님의 종이 될 수 있을 것이다. 에베소서 4장 11, 12절은 그리스도가 "목사와 교사로 주셨으니 이는 성도를 온전케 하며 봉사의 일을 하게 하며 그리스도의 몸을 세우려 하심이라"고 말함으로 이 점을 강조하고 있다.

나는 오늘날 교회 안에서 가장 활발히 논의되는 문제의 하나―예배에 참석하는 성도들에게 사역의 초점을 맞추어야 하는가, 아니면 믿지 않는 자들에게 다가가는 것에 초점을 맞추어야 하는가―와 관련하여 이 구절들이 우리에게 도움을 줄 수 있을 것이라고 생각한다. 우리가 구도자들의 필요에 민감해야 하는 것은 분명하며, 그들이 불편해 하지 않도록 주의해야 한다(시 96:9, 10; 고전 14:23~25 참고). 그러나 성경적인 교회는 예배하기 위하여 모이고 전도하기 위하여 흩어져야 한다고 나는 생각한다. 우리의 예배는 우선적으로 그리스도인들을 격려하고, 힘을 주고, 그리고 훈련하는 데 초점을 맞추어야 하며, 그렇게 함으로 그들이 복음을 들고 그것을 들어야 하는 사람들에게 나아갈 수 있는 것이다.

설교와 교육의 일차적 초점을 구도자들에게 맞춘다면, 당신의 교회는 영양실조에 걸릴 위험에 빠지게 된다. 당신은 아마도 아주 많은 사람들을 앞문으로 들어오게 할 수 있을 것이다. 그러나 그들이 믿음 안에서 충분하게 훈련받고 힘이 길러지지 않는다면, 그들은 결국 그리 오래지 않아 뒷문으로 빠져나가고 말 것이다. 이런 불행한 역학은 최근 『Exit Interviews』(출구

인터뷰)라는 제목으로 나온 윌리엄 헨드릭스(William Hendricks)의 책에서 잘 설명되고 있다. 이 책의 뒷표지에는 이런 글귀가 적혀 있다.

> "북미주 교회의 출석률의 등락에 관한 최근의 보고서를 보면 어두운 측면이 있다. 헤아릴 수 없을 정도로 많은 비그리스도인들이 교회의 앞문으로 몰려 들어오고 있는 한편, 교회 다니던 사람들의 물결이 서서히 뒷문으로 소리 없이 빠져나가고 있다. 매주 교회를 떠나는 사람이 5만 3,000명에 달하며 이들은 절대로 다시 돌아오지 않는다."[37]

프리처드(G. A. Pritchard)라는 사람이 어느 유명한 '구도자'(seeker) 교회에서 최근 2년 간 참여 연구를 했는데, 그 교회의 주말 예배의 공식 목적은 "교회 다니지 않는 해리"(unchurched Harry)에게 다가가는 것이었다. 피처드는 그 교회에서 좋은 것을 많이 관찰했다. 그러나 그는 또한 "교회 다니는 래리의 문제"(the problem of churched Larry)라고 이름 붙인 유감스런 경향을 발견했다. 주말 예배에 참석하고 그리스도인이 되었다고 분명하게 말하지만 그 교회나 교회의 사역과 개인적으로 접촉하지 않는 사람이 수천 명에 이른다는 것을 그는 발견했다. 여기 피처드의 책에서 한 대목을 인용한다.

> "교역자인 벤은 주말 예배가 어떻게 교회 다니는 래리들(churched Larrys)이 그리스도인다운 삶을 살 수 없도록 방해하는지를 이렇게 설명한다.
> '교회의 사역 방향이 그들의 성장을 방해하기도 한다. …이것이 교회 다니지 않는 해리에게 다가가고 그를 붙잡고 그를 끌어안고 그의 필요를 채워 주고 그가 편안함을 느끼게 해 주고… 그리고 그가 계속 익명으로 남아 있도록 내버려두는 것의 위험스러운 측면이다.'

벤은 '그를 도와주고 그가 그리스도께 관심을 가지도록 달래자'는 식의 접근은 종종 교회 다니는 래리들에게 우유만 주어 그들을 영적인 어린 아이로 내버려 두는 상황을 초래한다고 말한다."[38]

은혜로우신 주님은 내게 상이한 세 군데의 목회지를 허락하셨다. 나는 이곳들 모두에서 숫자상의 성장을 경험하기 위하여 굳이 구도자 중심의 교회가 될 필요는 없다는 것을 발견했다. 구도자에게 민감한 것(Seeker-sensitive)은 유익하다. 그러나 구도자 중심(seeker-centered)이 되는 것은 성경적인 지향이 아니라고 나는 생각한다. 사실 사람들이 내게 "그 교회에 구도자 예배 시간이 있습니까"라고 물으면, 나는 보통 "그렇게 되길 바랍니다. 우리 모두가 예수님이 그렇게 하신 것처럼 사람들을 찾고 구하기 위하여 나아가야 하기 때문입니다"라고 대답한다. 성도들이 하나님의 말씀 안에서 끊임없이 강해질 때, 그들은 스스로 구도자가 되어 복음을 들고 그것이 필요한 세상으로 나갈 것이며 다른 사람들에게 그들이 배우고 있는 그 놀라운 진리를 가르치게 될 것이다.

충분한 메시지

마지막으로, 바울은 성경적 설교와 교육은 믿는 자들을 "모든 선한 일을 행하기에 온전케 하는 데" 충분하다고 말한다. 성경은 우리의 생활과 경건에 필요한 모든 것을 담고 있다(벧후 1:3). 그리고 우리는 우리가 직면한 영적인 문제들에 대한 답을 구하기 위하여 "기록된 것을 넘어서지" 않도록 반드시 주의를 기울여야 한다(고전 4:6; 마 7:6~13 참조). 디모데후서 3장 17절에 "온전케"로 번역된 그리스어는 또한 "완전케"를 의미할 수도 있다. 이 점을 칼뱅은 이 절에 대한 주석에서 이렇게 밝혔다.

"여기서 완전함은 비난할 것이 없는 사람, 곧 결점이 없는 사람을 의미한다. 성경은 완전케 하기에 충분하다는 것을 단호하게 주장한다. 그러므로 성경으로 만족하지 않는 사람은 적절하거나 또는 바람직한 지혜보다 더 큰 것을 바라는 사람이다."[39]

많은 설교자들과 교사들이 고대 철학자나 인기 있는 심리학자, 아니면 현대 사회비평가들의 사상을 양떼에게 먹임으로 현명하고 바람직한 목양을 하고 있다고 생각한다. 그러나 하나님이 예레미야 2장 13절에서 "내 백성이 두 가지 악을 행하였나니 곧 생수의 근원 되는 나를 버린 것과 스스로 웅덩이를 판 것인데 그것은 물을 저축지 못할 터진 웅덩이니라"라고 말씀하신 것처럼, 지혜롭다고 공언하는 이 사람들은 결국 어리석은 자들이다(롬 1:22). 모든 진리는 하나님의 진리이다. 그리고 하나님의 말씀만이 진리의 전부이다. 그러므로 하나님의 말씀은 우리의 삶에 자리를 잡는 진리의 기초이자 뼈대이다. 오직 성령의 감동으로 된 하나님의 말씀만이 사람의 마음을 변화시킬 수 있으며, 그리고 오직 성령의 감동으로 된 하나님의 말씀만이 그들의 가장 깊은 필요들의 전부를 채워 주기에 충분하다.

설교자

바울은 교회의 재활성화 맥락에서 우리가 설교해야 할 메시지를 설명한 뒤에, 이 메시지를 선포해야 할 사람이 어떤 사람인지를 논의하는 것으로 이어간다. 디모데후서 4장 1~5절은 이렇게 말한다.

"하나님 앞과 산 자와 죽은 자를 심판하실 그리스도 예수 앞에서 그의 나타나실 것과 그의 나라를 두고 엄히 명하노니 너는 말씀을 전파하라 때를 얻든

지 못 얻든지 항상 힘쓰라 범사에 오래 참음과 가르침으로 경책하며 경계하
며 권하라 때가 이르리니 사람이 바른 교훈을 받지 아니하며 귀가 가려워서
자기의 사욕을 좇을 스승을 많이 두고 또 그 귀를 진리에서 돌이켜 허탄한
이야기를 좇으리라 그러나 너는 모든 일에 근신하여 고난을 받으며 전도인
의 일을 하며 네 직무를 다하라."

하나님의 사람은 하나님 앞에서(in the presence of God) 살고, 말한다. 바
울은 디모데에게 "하나님 앞에서 내가 엄히 명하노니"라고 말한다. 하나님
의 사람들을 이끌고자 하는 사람은 누구든 그의 삶과 일 가운데 하나님이
계심(the presence of God)을 반드시 인정해야 한다. 특별히 강단에 서고자
하는 사람은 하나님의 임재(the presence of God)를 반드시 알고 의식해야 한
다. 우리는 회중은 잘 의식한다. 그런데 우리는 하나님을 의식하고 있는가?
우리는 성도들이 경청하기를, 이해하기를, 그리고 그들이 교회에서 여러
경험을 통해 성장하기를 바란다. 그러나 우리가 설교하는 그 시간에 하나
님은 무엇을 생각하고 계실지 염려해 본 적이 있는가? 우리는 고민해 보아
야 한다. 왜냐하면 하나님이 우리가 그곳에서 예배를 드리는 가장 중요한
이유가 되시기 때문이다. 그리고 우리는 하나님의 인정을 그 어느 누구의
것보다도 먼저 얻으려고 해야 한다.

예배 시간의 다른 부분들은 예배가 아니라는 듯, 찬양을 '예배 시간'(the
worship time)이라고 말하는 사람들을 본 적 있을 것이다. 이것은 잘못된 것
이다. 왜냐하면 기도, 사도신경, 헌금, 그리고 특별히 설교, 이것들 모두가
하나님께 드리는 우리의 예배의 일부이기 때문이다. 사람들이 이 점을 모
르는 이유 가운데 하나가, 설교를 할 때 설교자들이 하나님께 예배한다는
것을 잊어버리기 때문은 아닌지 염려스럽다. 우리는 주의를 기울여 잘 준

비된 설교를 해야 하지만, 만약 설교를 하는 우리 자신이 하나님을 예배하지 않는다면, 회중 역시 이것을 상실하고 말 것이다. 반면, 우리가 하나님의 영광과 그분을 즐겁게 하는 것을 가장 우선하여 설교를 한다면, 회중을 예배로 이끌 수 있을 것이다. 이러한 설교가 최고의 설교일 것이다.

하나님의 사람은 그리스도의 재림을 기다리면서 살고, 말한다. 디모데에게 명령하는 첫 마디에서 바울은 그리스도 예수, 곧 그분이 산 자와 죽은 자를 심판하실 분이라고 언급한다. 그리고 그는 덧붙여 이 명령은 그분의 재림과 그의 나라에 의해 주어졌다고 말한다. 그리스도의 재림은 바울이 사역하는 중에 늘 그의 마음에 있었다. 그리고 그는 이것이 디모데의 마음에도 역시 있기를 원했다. 마찬가지로 오늘 우리가 설교할 때, 우리는 예수님이 다가오시는 걸음 소리를 들어야 한다. 우리는 이 설교가 끝나기도 전에 그분이 오실 수 있다는 것을 깨달아야 한다. 성도들을 천국이나 지옥으로 보낼 심판의 보좌의 망치 소리를 들을 수 있어야 한다. 그리고 우리는 우리의 메시지가 저 두려운 날에 패망으로부터 구할 수 있는 능력을 가지고 있다는 것을 반드시 기억해야 한다.

하나님의 사람은 부지런히 준비한다. 바울은 디모데에게 "말씀을 설교하라. 때를 얻든지 못 얻든지 준비하라"고 말한다. '준비'에 해당하는 그리스 어는 '부지런히'(KJV)로 번역될 수 있다. 그러나 이것이 '준비'를 의미하더라도, 여전히 부지런한 준비의 필요성을 말하고 있다고 하겠다. 성실하게 말씀을 공부하는 학생이 아니라면, 언제나 그리고 어떤 상황에서나 설교를 준비할 수 없다. 존 스토트가 말했듯이 말이다.

"강해 설교는 가장 혹독한 훈련이다. 아마도 이것을 들을 기회가 적은 까닭이 이 때문일 것이다. '우리가 하나님의 말씀을 제쳐놓고 공궤를 일삼는 것

이 마땅치 아니하니… 우리는 기도하는 것과 말씀 전하는 것을 전무하리라'
(행 6:2, 4)라는 사도의 본보기를 따를 준비가 되어 있는 사람만이 강해 설교
를 해낼 것이다. 체계적인 설교는 체계적인 연구 없이는 불가능하다. 이것은
매일 성경 묵상 시간에 몇 구절을 훑고 지나가는 것으로 충분하지 않을 것이
며, 설교해야 할 때만 몇 구절을 연구하는 것으로는 충분하지 않을 것이다.
마치 현미경처럼, 몇 구절에 대한 언어학적 세부사항을 연구해야 하는 것이
아니라, 인류의 구속 안에서 신적인 주권의 위대한 목적을 상기하며 우리의
망원경을 들어 하나님 말씀의 넓은 부분들을 자세히 살펴보아야 한다. 스펄
전(C. H. Spurgeon)은 '당신이 성경의 언어로 말하게 되기까지, 그리고 당
신의 영이 주님의 말씀으로 맛을 내기까지, 그래서 당신의 피가 성경을 따라
흐르고 성경의 정수가 당신으로부터 흘러나오게 될 때까지 그 성경의 영으
로 파고들어가는 것은 복된 일이다'라고 말했다."[40]

하나님의 사람은 단호하고 인내한다. 하나님의 말씀을 설교하거나 가르
치는 사람은 "오래 참음과 가르침으로 경책하며, 경계하며, 권해야" 한다.
이 사역은 경건한 결의와 불굴의 인내를 요구한다. 이는 때로는 우리가 사
람들에게 그들이 듣고 싶어하지 않는 것을 말해야 하기 때문이다. 우리는
사람들이 어떤 반응을 보일지 생각하지 말고, 하나님의 말씀을 말하는 데
전심전력해야 한다. 그리고 우리는 장기간에 걸쳐 하나님의 말씀을 인내함
으로 말해야 한다. 이는 바로 우리를 낙심케 하는 많은 시험이 있을 것이라
고 바울이 우리에게 말하고 있기 때문이다. "그들이 바른 교리를 참지 못할
날이 올 것이다"라고 사도 바울은 말한다. 그렇지만 주님으로부터 "잘하였
도다 착하고 충성된 종아"(마 25:21)라는 복된 말씀을 듣기를 원한다면, 결코
포기해서는 안 된다.

하나님의 사람은 자신의 일에 진지하다. 5절은 "모든 일에 근신하라"고

말한다. 우리는 복음서들에서 예수님이 모든 종류의 감정을 보이셨음을 보게 된다. 슬픔, 분노, 기쁨, 비통 등등. 그러나 예수님이 웃으셨다고 기록된 곳은 단 한 군데도 없다. 예수님도 때로는 웃으셨을 것이라고 나는 생각한다. 그리고 그분은 가르치시는 가운데서 유머 감각을 보여 주셨다(하루살이는 걸러내고 약대는 삼킨다, 다른 사람의 눈에 있는 들보 등등). 이런 것들을 말씀하시면서 예수님은 아마도 빈정거리는 투로 말씀하셨을 것이다. 그러나 그분은 분명히 코미디언이 아니셨다. 그분을 '재미있는 사람' 이라고 생각하는 사람이 있었을지 나는 매우 의심스럽다.

모든 것에서 그러하듯이, 이 점에서도 우리 주님은 모범이 되신다. 하나님의 말씀을 설교하고 가르치는 우리는 아주 중요한 일을 하고 있는 것이다. 이 일은 삶이냐 죽음이냐, 천국이냐 죽음이냐의 문제이다. 응급실 의사가 일을 하면서 동료들과 시시덕거리면서 떠든다면 당신은 어떻게 생각하겠는가? 우리는 영혼의 의사들, 곧 영적으로 병든 사람을 다루는 사람들이다. 많은 사람들이 치명적인 병에 걸려 있다. 우리의 설교와 가르침에 유머가 차지할 자리가 있다고 하더라도(그리스도께서 그렇게 하셨던 것처럼), 그것이 중심이 되어서는 안 될 것이다.

하나님의 사람은 사역에 초점과 목적을 잃지 않는다. 바울은 디모데에게 이렇게 권고하면서 결론을 맺는다. "고난을 받으며 전도인의 일을 하며 네 직무를 다하라." 나는 신학교 두 곳에서 이사로 섬긴 적이 있다. 그래서 사역을 준비하는 많은 젊은이들과 대화를 나눌 기회가 있었다. 때로 나는 그들 가운데서 이렇게 말하는 이들을 가끔 보았다. "사역에서 내 역량을 충분히 발휘할 수 있을지 모르겠습니다." 내 대답은 그들의 사역에서 무엇이 이루어질 것인지가 아니라, 그들의 사역을 이루어내는 것에 더욱 신경을 쓰라는 것이었다. 이 차이점은 매우 중요하다. 이는 자신에게 초점을 두는 것과 다른 사람들에게 초점을 두는 것 사이의 차이점이기 때문이다. 이것은 우리 자신의 목적에 의해 동기를 부여받는 것과 하나님의 목적에 의해 동기를 부여받는 것 사이의 차이점이다.

흥미롭게도 바울은 설교자나 교사를 "하나님의 사람"(man of God)이라고 부르고 있다(딤후 3:17). 이는 설교와 가르침은 진실로 사람을 위한 일이기 때문이다. 이것은 겁쟁이나 약골이나 아니면 게으름뱅이가 할 수 있는 일이 아니다. 우리는 아주 많은 어려움을 견뎌내야 한다. 우리는 잃은 자들을 찾아 나가는 데 있어서 거침없고 열정적이어야 한다. 그리고 우리는 하나님이 우리의 사역에 채워 주신 모든 책임들을 '이루어내기' 위하여 우리 자신을 드려야 한다. 바울은 곧 닥쳐올 자신의 죽음 앞에서도 용기를 가지고 대면한 사람이었다. "관제와 같이 벌써 내가 부음이 되고 나의 떠날 기약이 가까왔도다"(딤후 4:6).

바울이 다음 두 절에서 고백한 그의 확실한 초점과 목적, 그리고 그에 따른 만족이 우리에게도 있어야 할 것이다.

> "내가 선한 싸움을 싸우고 나의 달려갈 길을 마치고 믿음을 지켰으니 이제 후로는 나를 위하여 의의 면류관이 예비되었으므로 주 곧 의로우신 재판장이 그날에 내게 주실 것이니 내게만 아니라 주의 나타나심을 사모하는 모든 자에게니라"(딤후 4:7, 8).

말씀 사역에서의 교역자들의 역할

교회가 불씨를 살려 불길을 일으키기 위해서는, 은사 있고 자질이 있는 사람들에 의해 하나님의 메시지가 설교되고 가르쳐져야 한다. 그러나 이것이 실현되려면, 이 사람들(특히 목회자)은 기도하고, 연구하고, 그리고 준비하는 시간을 반드시 가져야 한다. 그래서 장로와 집사의 사역이 꼭 필요한 것이다. 사도행전 6장에서 목회자들이 "기도와 말씀의 사역에 전심"해야 한다고 했을 때, 이들의 해결책은 다른 사람들의 필요를 채워 줄 신실한 사람들을 세우는 것이었다(1~6절 참조). 이와 같은 사람들이 훗날 '집사'로 알려지게 되었다(딤전 3:8). 그리고 이들의 역할은 교회의 필요에 봉사하는 것이었으며, 그래서 신실한 목자들이 기도와 말씀에 전력할 수 있도록 하는 것이었다. 틀림없이 일부 장로들 역시 비슷한 기능을 했을 것이다. 이는 디모데전서 5장 17절에서 모든 장로들이 "말씀과 가르치는 일에 수고하는" 것이 아니라고 암시하고 있는 것에서 짐작할 수 있다. 이것이 바로 장로교회가 '가르치는 장로'와 '치리하는 장로' 둘 다를 가지고 있는 까닭이기도 하다.

당신 교회의 치리 구조가 무엇이든 당신이 기억해야 할 것은, 설교하고 가르치는 사람들이 준비할 시간을 갖지 않는다면 말씀 사역이 그 몸에 새로운 삶을 가져다줄 수 없다는 것이다. 그러므로 리더십 구조는 특히 목회자들이 꼭 필요한 일에 애쓸 수 있도록 '자유롭게' 해주어야 한다. 너무나 많은 목회자들이 비본질적인 일의 허드레꾼이 되고 있다. 목회자들이 예배 사회자, 찬양 사역자, 어린이 사역 조직자, 전도팀 인도자, 상담자, 중재자, 홍보자, 회계원, 관리인 등이 되고 있다. 게다가 이들은 삶을 변화시키는 설교를 매주 전할 것이라는 기대까지 한몸에 받고 있다! 목회자들은 보통 대담하게도 이 모든 일들을 기꺼이 맡고자 한다. 그렇지만 그들이 해야 할 가장 중요한 것은 무엇이겠는가?

치리 장로, 집사, 기타 지도자들은 각자 맡은 일에 솔선수범하여 목회자가 그의 사역을 완수할 수 있도록 해야 한다. 대부분 좋은 설교를 준비하는

데 약 15시간이 필요하며, 그 주에 두 차례 설교를 한다면 10시간이 더 필요하다. 그리고 성경 연구, 전도회 모임, 기타 부수적인 말씀 사역의 기회들이 있다. 목회자가 이 과업을 훌륭하게 이루어내려면, 연구와 기도에 많은 시간을 들여야 할 것이다.

  당신이 장로거나 집사라면 당신 교회가, 목회자가 기도하고 연구할 수 있는 시간을 어떻게 하면 더 많이 가질 수 있을지 기도하는 마음으로 심사숙고해 보라. 그리고 당신이 목회자라면, 다음 장에서 계속하겠지만 이렇게 당신을 도와줄 리더십을 어떻게 하면 계발할 수 있을지 배워야 할 것이다.

06) 리더십 계발

Leadership Multiplication

교회 지도자로서 사역의 군대를 훈련하고 육성하기를 원한다면,
먼저 그 몸 된 교회에서 책임을 공유하지 못하게 가로막는
당신의 자존심을 없애버려야 하고,
어떤 이기심도 제거해버려야 한다.

06) 리더십 계발

리더십이 조직을 움직인다. 나는 이것을 확신한다. "해리, 나쁜 리더십도 그런가요?" 아마 당신은 이렇게 물을 것이다. 나쁜 리더십도 역시 조직을 움직인다. 나쁜 지도자들이 존재한다는 것을 나는 알고 있다. 나쁜 리더십이라 하더라도 영향을 미친다. 단지 바른 결과를 낳지 않을 뿐이다. 좋은 리더십은 사람들을 바르게 이끌고 나쁜 리더십은 사람들을 그릇되게 이끈다. 그러나 어느 쪽이든, 사람들은 리더십에 의해 움직인다. 예수님은 이것을 이렇게 말씀하셨다. "제자가 그 선생보다, 또는 종이 그 상전보다 높지 못하나니"(마 10:24). 그는 또한 나쁜 리더십에 관하여 이렇게 분명하게 말씀하셨다. "만일 소경이 소경을 인도하면 둘이 다 구덩이에 빠지리라"(마 15:14).

지도자의 영향력은 이렇게 중요한 것이다. 그래서 좋은 지도자가 없다면, 사실 교회는 재활성화될 수 없다. 그런데 불행하게도 이 시대에 좋은 리더십이 그렇게 많지 않다.

좋은 지도자는 어디에 있는가?

과거 미국에서 교회는 사회 전반적인 리더십의 기준이고, 모판이었으며 많은 지도자를 배출해냈다. 교회에서 지도자로 훈련받은 사람들이 재계나 정계 같은 사회의 다른 영역들로 들어갔다. 그리고 교회로부터 세상으로의 이와 같은 흐름은 너무나 강력해서 비그리스도인 지도자들조차도 리더십에 대한 기독교적 개념과 방법을 채용했다. 그래서 기도를 전혀 믿지 않았던 벤저민 프랭클린같은 순수한 이신론자까지도 제헌 의회 도중에 기도를 요청하기도 했다. 그가 그렇게 한 것은 그리스도인 지도자들이 그렇게 하는 것을 봐 왔기 때문이었다. 이런 저런 방식으로, 교회는 리더십의 모범을 보였던 것이다.

그러나 오늘날은 사정이 다르다. 교회는 더 이상 사회에 리더십을 규정해 주지 못하고, 사회를 위한 지도자를 육성하지도 않는다. 세상에 지도자들이 넘쳐나도록 공급하는 것은 고사하고, 교회 자신을 위한 좋은 지도자들도 충분하게 육성하지 못하고 있다. 오히려 오늘날 많은 교회들이 세상이 자기네 방식으로 규정하여 생산한 지도자들을 데려다가 3주 사역자 훈련을 시킨 다음에 장로와 집사로 바꾸려 하고 있다.

우리는 이런 과정을 역전시켜야 한다. 리더십을 규정해야 한다. 지도자를 육성해야 한다. 그리고 우리는 교회 안에서뿐만 아니라 재계, 정부, 학교, 조합, 예술계, 오락 산업 등에서도 지도자를 육성해야 한다. 우리가 교회와 사회 안에서 이러한 역할들을 맡을 신실한 지도자들을 만들지 못한다면, 세상이 믿지 않는 지도자들로 넘쳐나게 될 것은 자명한 사실이다. 결국 빈 자리는 무엇으로든 채워질 테니 말이다.

당신의 교회가 불씨를 살려 불길을 일으키고자 한다면, 지도자를 육성하고, 그들을 주위의 교회와 사회에 배치해야 한다. 당신은 이 일에 대한 계획을 세워서 목적을 가지고 아주 많은 노력을 기울여야 할 것이다. 좋은 지도자는 그냥 태어나지 않는다. 반드시 육성되고, 훈련되고, 그리고 시험을 거쳐야 한다. 이렇게 지도자들이 만들어지면, 이들의 삶과 사역은 하나님의 영광을 위한 풍성한 결실을 교회 안에서 그리고 이 세상 곳곳에서 맺게 될 것이다.

좋은 리더십은 어떤 것인가?

우리가 교회에서 필요로 하는 리더십은 다음의 세 가지 원칙으로 간단하게 규정할 수 있다. 첫째, 앞의 제2장에서 길게 논의했듯이 좋은 지도자는 과거로부터 배운다. 그러나 이들은 과거에 살지 않는다. 둘째, 좋은 지도자는 현재에 산다. 그러나 이들은 현재에 순응하지 않는다. 이들은 온도계가 아니라 온도 조절 장치이다. 온도계는 단순히 주변의 환경을 반영할 뿐이다. 그러나 온도 조절 장치는 주변 환경을 바꾼다. 그리고 셋째, 좋은 지도자는 미래를 바라본다. 그러나 이들은 미래를 그냥 기다리고 있지 않는다.

지도자를 정의하는 또 하나의 방식은 그 지도자가 하는 일로 정의하는 것이다. 나는 지도자를 이렇게 정의하고 싶다. 지도자는 규정된 사명을 다른 사람들이 함께 효과적으로 달성할 수 있도록 영향을 끼치는 사람이다. 아래에서 이러한 정의의 각 부분들을 논의할 것이다. 이렇게 하여 당신이 되어야 하는 지도자 상, 그리고 당신이 당신의 교회에서 육성하고자 하는 지도자 상을 그리게 될 것이다.

신실한 지도자의 영향력

리더십은 그 정의에 따르면 영향력을 의미한다. 그러나 리더십이 진정으로 좋은 영향력을 끼치려면, 하나님으로부터 나오고 다른 사람들에게도 하나님을 지시해 주어야 한다. 그렇다면 신실한 지도자는 어떻게 다른 사람들이 더욱 신실하게 될 수 있도록 영향을 끼치는가?

교육(Education). 리더십 계발에 관한 가장 중요한 성경 구절에서 사도 바울은 제자 디모데에게 이렇게 말한다. "또 네가 많은 증인 앞에서 내게 들은 바를 충성된 사람들에게 부탁하라 저희가 또 다른 사람들을 가르칠 수 있으리라"(딤후 2:2). 바울은 디모데에게 성경이 무엇을 말하는지, 성경이 말하는 것이 무슨 의미인지, 그리고 그것이 삶과 사역에 어떻게 적용되어야 하는지를 가르쳤다. 또한 그는 가르치는 것을 결코 그만두지 않았다. 사람들은 교육을 통하여 배우기 때문이다.

노스캐롤라이나 샬로트에서 몇 년 간 산 적이 있다. 그리고 대학 농구 경기를 꽤 자주 볼 수 있었다. 듀크와 노스캐롤라이나의 경기를 볼 때마다 언제나 내 관심을 끄는 것이 하나 있었다. 그것은 마이크 크리세브스키 감독과 딘 스미스 감독이 단 한번도 경기 중에 선수들에게 지시를 내리는 것을 멈추는 것을 본 적이 없었다는 것이다. 자기네 팀이 40점을 앞서 갈 때도, 아니면 40점이나 뒤져서 도저히 이길 가망이 없을 때도, 이 훌륭한 감독들은 늘 옆에 있는 선수를 팔꿈치로 밀거나, 벤치 앞을 왔다갔다 하거나 하면서 지시를 내리고 있었다. 틀림없이 이 감독들의 목표는 게임에서 이기는 것이 아니라 선수들에게 늘 무엇인가를 가르치는 것이었을 것이다.

이와 마찬가지로, 좋은 교회 지도자는 언제나 다른 사람들에게 하나님의 길에 관하여 가르치고 있을 것이다. 이것이 바로 바울이 또한 디모데에게 "너는 말씀을 전파하라 때를 얻든지 못얻든지 항상 힘쓰라 범사에 오래 참음과 가르침으로 경책하며 경계하며 권하라"(딤후 4:2)고 말한 까닭이다.

모범(Embodiment). 좋은 지도자는 자신이 가르치는 진리를 본인이 직접 실현함으로써 다른 사람들에게 영향을 준다. 사람은 모방을 통하여 배운다. 내가 오랜 세월 동안 직접 관찰한 결과 우리가 배우는 대부분의 것은 '교육된 것이라기보다 전염된 것'(caught rather than taught)이라는 말에 동의하지 않을 수 없다. 달리 말하면, 교육을 통하여 배우는 만큼 우리는 모방을 통하여 배운다. 교육이 중요한 것은 틀림없다. 그러나 따를 수 있는 모델이 없다면, 교육은 바람직한 결과를 낼 수 없다. 바울은 디모데에게 이렇게 말했다. "누구든지 네 연소함을 업신여기지 못하게 하고 오직 말과 행실과 사랑과 믿음과 정절에 대하여 믿는 자에게 본이 되어"(딤전 4:12).

따라서 지도자로서 당신은 당신이 다른 사람들에게서 바라는 그런 성품을 본인이 직접 실현하는 사람이 되어야 한다. 그리고 당신은 또한 본받을 만한 신실한 인물들을 사람들에게 제시해 주어야 한다. 사람들은 언제나 영웅을 가지고 있으며, 당신은 그 사람들에게 훌륭한 영웅을 제시해 줄 수 있는 기회를 가지고 있다. 이 영웅은 세상으로부터 높임을 받는 부도덕한 '명사들'과는 다르다. '명사'는 기생충같이 문화에 기대어 살지만, '영웅'은 문화를 변화시키는 사람으로, 사회의 자산이다.

이런 점에서, 내가 보기에는 최고의 영웅은 대부분 역사적 과거의 인물들이다. 동시대를 살고 있는 어떤 사람이 아무리 인상 깊은 인물로 보인다 하더라도, 아직 그의 경력은 다 끝나지 않았으며, 따라서 그에 대한 평가는 보류해야 할 것이다. 1970년대에 지미 카터 대통령과 로널드 레이건 주지사 두 사람이 도시 사역과 인종 화해의 모범으로 추앙받던 샌프란시스코의 한 목사와 나란히 사진을 찍었던 것을 나는 기억하고 있다. 그렇지만 곧 이 두 사람 모두 그 사진을 회수하고 싶었을 것이다. 얼마 지나지 않아 그 사람, 짐 존스가 이끄는 385명이 아프리카 가이아나에서 집단 자살을 했던 것이다. 역사를 통해 검증된 신실한 인물이라면 이런 문제점은 없을 것이다. 그에 대한 역사적 기록이 이미 완성되었기 때문이다.

위임(Empowerment). 다른 사람들에게 영향을 미치는 사람은 자신이 교육하고 가르치는 진리를 본인 스스로 몸에 담을 뿐만 아니라, 다른 사람들에게 능력을 부여하여 그들이 성공할 수 있도록 한다. 격려와 동기부여는 이들이 '쌓아두고 있는 상품'이다. 이러한 지도자 중 한 사람이 바로 더글러스 맥아더였다.

제1차 세계 대전 당시 맥아더는 여단장이었다. 프랑스에 주둔한 맥아더 장군의 여단에, 이미 미군의 세 차례 공격을 격퇴하고 많은 사상자를 낸 적진을 접수하라는 책임이 주어졌다. 맥아더는 공격을 위해 부대를 세 진영으로 나누고 가운데 진영은 자신이 직접 지휘한다는 작전을 세웠다. 그런데 그는 왼쪽 진영이 가장 약하다는 것을 알게 되었고, 그래서 공격 명령을 내리기 전에 그 부대를 지휘하는 소령과 대화를 나누려고 그곳으로 건너갔다. 맥아더 장군은 그 소령에게 이렇게 말했다. "전방의 저 고지를 자네가 접수하기를 바라네. 저기 75야드 전방 말이야. 이미 여러 번 시도했지만 모두들 실패했네. 그렇지만 나는 자네가 해내리라고 생각하네. 자네가 이 임무를 완수하면, 이 가운데 하나를 자네에게 주겠네." 맥아더는 그 젊은 소령에게 프랑스 전투에서 받은 무공훈장들을 보여 주었다. 그리고 그는 돌아갔다.

10야드쯤 가다가, 맥아더가 갑자기 그에게 되돌아왔다. "자네가 저곳을 접수할 것이니까"라고 말하면서 맥아더는 훈장 하나를 그 소령에게 건네주었다. "그러니 이제 이것은 자네가 가지게."

그 소령은 자신이 그 일을 진짜 완수할 수 있을 것이라고 자신의 상관이 확신하고 있다고 생각했을까? 우리는 우리가 지도자로 훈련하고 있는 사람들에게 이와 동일한 확신을 보여 줄 수 있다. 왜냐하면 우리에게는 "능히 모든 은혜를 너희에게 넘치게 하시나니 이는 너희로 모든 일에 항상 모든 것이 넉넉하여 모든 착한 일을 넘치게 하게 하려"(고후 9:8) 하시는 하나님이 계시기 때문이다.

평가(Evaluation). 마지막으로, 다른 사람들에게 영향을 끼치는 위치에 있는 사람은 늘 깨어 있어야 한다. 그래야 무엇이 잘 되었고 어느 부분이 개선이 필요한지 알 수 있다. 좋은 지도자는 언제나 그의 사람들의 일상에서 축하할 일을 돌아보고, 그들의 일을 확인하고 평가한다. 지도자는 업무만 염려하는 것이 아니라, 업무를 맡고 있는 사람들에게도 관심을 가진다.

신실한 지도자의 유능함

지도자는 다른 사람들이 임무를 효과적으로 달성할 수 있도록 영향을 끼치는 사람이다. 좋은 지도자의 유능함을 판단하는 한 가지 기준은 그와 그를 따르는 사람들이 바른 방법으로 적절한 시점에 바른 이유를 가지고 바른 일을 하는 방법을 알고 있는가 하는 것이다.

지도자는 바른 일을 하는 방법을 안다. 바쁜 것이 유능한 것은 아니다. 바른 일에 분주해야 한다. 어떤 사업가가 이런 말을 하는 것을 들은 적이 있다. "당신은 세계에서 가장 빨리 사다리를 오르는 사람이 될 수 있다. 그러나 그 사다리를 받칠 벽이 없다면, 당신은 그 사다리를 오르지 못할 것이다."

다음은 스티븐 코비의 『소중한 것을 먼저 하라』에 나오는 이야기이다.[41]

누군가가 교실에서 시간 관리에 관해 가르치고 있는 상황을 상상해 보자. 선생이 커다란 항아리를 하나 꺼낸다. 항아리 안에는 큼직한 돌들이 가득 들어 있다. 항아리 옆에도 돌이 놓여 있다. 선생이 학생들에게 항아리가 꽉 차 있는지 묻는다. 학생들이 그렇다고 하자, 그 선생은 항아리를 흔들어 공간을 만들어 돌을 하나 더 채운다. 그는 다시 항아리가 다 찼는지 묻고 학생들은 그렇다고 대답한다. 그는 테이블 아래에서 자갈이 든 항아리를 꺼내 그것을 쏟아놓는다. 그리고 그것을 큰 돌들 사이에 채워넣는다. 그런 다음 그는 학생들에게 그 항아리가 가득 차 있다고 생각하는지 묻는다. 이번에는 상황을 이해한 일부 학생들이 아니라고 대답한다.

선생은 이번에는 테이블 아래에서 모래 항아리를 꺼내놓는다. 그리고 이것을 쏟아 부어 항아리를 가득 채운다. 다시 한 번 그는 학생들에게 항아리가 가득 찼는지 묻는다. 틀림없이 또 다른 항아리가 있을 것이라고 생각했기 때문에 학생들은 모두 아니라고 대답한다. 선생은 테이블 아래에서 이번에는 물 항아리를 꺼낸다. 그는 큰 돌과 자갈과 모래가 든 항아리에 그 물을 부어 항아리의 남은 공간을 꽉 채운다. 선생은 다시 학생들에게 이것을 보면서 무엇을 배웠는지 질문한다.

대부분의 학생들이 시간 관리에 관해 배웠다고 말한다. 조금이라도 더

짜낼 수 있는 시간이 있다는 것이다. 그렇지만 진짜 메시지는 시간 관리에 관한 것이 아니라 자기 관리에 관한 것이다. 핵심은 반드시 큰 돌을 먼저 넣어야 하는 것이라고 선생은 말한다.

당신의 삶에서 큰 돌은 무엇인가? 큰 돌을 나중에 넣는다면, 큰 돌을 넣을 공간을 절대 확보할 수 없을 것이다. 반드시 큰 돌을 먼저 넣어야 한다. 당신의 일의 순서도 이 항아리와 같다. 당신은 항아리 안에 다른 것들보다 먼저 큰 돌을 넣어야 한다(우선과제). 그 다음에야 꼭 해야 할 중요한 일이 있을 때, 하지 않아도 되는 자갈이나 모래를 거부할 수 있을 것이다.

유능한 지도자는 바른 일을 하는 방법을 알고 있을 뿐만 아니라, 바른 일을 바른 방식으로 할 수 있다. 그는 언젠가는 예수님으로부터 "잘하였도다 착하고 충성된 종아"(마 25:21~23)라는 축복을 듣기를 원한다. 나는 이러한 축복의 말이 내가 하고 있는 일의 능률을 높여 준다는 것을 안다. "평범하다"거나 "보통이다"라는 말을 듣기를 원하지 않는다. 나는 "잘했다"라는 말을 듣기를 원한다. 그리고 나는 그 칭찬이 다른 사람과 비교해서 평가하는 말이 아니고, 하나님이 내게 주신 달란트에 기초하고 있다는 것을 확신한다(마 25장의 비유 참고). 그래서 나는 예수님에게서 "해리, 역대 설교자들 가운데 최고다"라는 말씀을 기대하지 않는다. 나는 해리가 될 수 있는 최고의 설교자가 되기를 원한다. 나는 해리가 될 수 있는 최고의 지도자가 되기를 원한다. 나는 주님 앞에서 나의 잠재력을 최고로 발휘하기를 원한다. 당신 역시 주님에게서 "잘했다. 너는 바른 일을 했다. 그리고 그 일을 잘했다"라는 말씀을 듣기를 원해야 한다.

좋은 지도자들은 또한 적시에 바른 일을 한다. 그리고 그들은 그 일을 바른 이유를 가지고 한다. 하나님은 결과에 관심을 가지시는 만큼 (또는 그 이상으로) 동기에도 관심을 가지고 계시기 때문에 크리스천 지도자들에게 이 마지막 유능함의 증거는 너무나 중요한 것이다. 그리고 우리의 일차적 동기는 언제나 하나님의 영광과 기쁨을 위한 것이어야 한다. 고린도전서 10장 31절은 "무엇을 하든지 다 하나님의 영광을 위하여 하라"고 말한다. 그리고 고린도후서 5장 9절은 "우리가 거하든지 떠나든지 주를 기쁘시게 하는 자 되기를 힘쓰노라"라고 말한다.

그러나 우리는 또한 우리 자신이 아니라 다른 사람들의 유익을 위해서도 일해야 한다. 위대한 지도자들은 언제나 그들을 따르는 사람들을 가장 먼저 염려한다. 로버트 리(Robert E. Lee) 장군이 바로 그런 모범을 보여 주었다. 애포매톡스[Appomattox-1865년 남군이 북군에게 항복하여 미국 남북전쟁이 끝나게 된 곳-역주]에서 남군이 항복을 할 무렵, 1만 명도 채 남지 않은 남군 병사들은 리 장군에게 전력을 정비하여 14만 5,000명이나 되는 북군을 한 번만 더 공격할 수 있게 허락해 달라고 간청했다. 그는 그들에게 "아니다, 이제 끝났다"라며 이렇게 덧붙였다. "나는 너희들에게 내가 할 수 있는 최선을 다했다." 항복하는 자리에서 그는 북군 장군들에게 두 가지 양보만 받아냈는데, 그 둘 다 자신의 부하들을 위한 것이었다. 그는 자기 자신의 이익에 관해서는 그 자리에서 한 마디도 꺼내지 않았다.

거듭 강조하는데, 당신은 하나님의 영광과 다른 사람들의 유익을 위하여 지도자가 되어야 하며, 그리고 다른 사람들을 지도자로 훈련해야 한다. 찬사를 받고 유명해지려는, 권력을 가지려는, 아니면 세속적인 의미에서 성공하려는 교만한 욕심이 동기라면, 언젠가는 어떤 식으로든 결국 그것이 분명하게 드러나게 될 것이다. 사람들은 당신이 순수한 동기를 가지고 있는지, 아니면 단지 당신 자신의 목적을 달성하기 위하여 그들을 이용하려고 하는지 다 알 수 있다. 그리고 당신의 마음이 순수하다면, 당신이 선한 사람이라면, 이 세상 끝까지 당신을 따를 것이다.

신실한 지도자의 유산

리더십을 정의하는 세 번째 키워드는 '함께'이다. 좋은 지도자는 다른 사람들이 목표에 함께 효과적으로 달성할 수 있도록 영향을 미친다. 바로 이것이 이 장의, 그리고 모든 리더십의 핵심이다. 지도자는 교회의 사역을 모두 혼자서 하는 사람이 아니라 그 사역을 함께 하기 위하여 다른 사람들을 이끌고, 키우고, 그리고 배치하는 사람이다. 에베소서 4장 11, 12절을 보면, 하나님은 지도자들을 주셔서 교회가 봉사의 일을 위하여 성도들을 준비시키고 그리스도의 몸 된 교회를 세우게 하셨다. 다른 말로 하자면, 만약 그 교회가 건강을 유지하고 있다면 틀림없이 그 교회의 지도자들은 자신과 같은 지도자들을 육성해낼 수 있을 것이다. 그리고 이것이 가능한 것은 지도자들이 그 몸 된 교회 안에서 다른 사람들과 함께 일하기 때문이다.

노엘 티시(Noel Tichy)는 그의 책 『리더십 엔진』(Leadership Engine)에서 유능한 사업 리더십에 대한 굉장한 통찰을 보여 주었는데, 나는 이것이 교회 사역에도 적용될 수 있다고 생각한다. 성공적인 기관에 대한 그의 연구를 보면, 성공적인 기관들은 증명된 지도자들을 배치할 뿐만 아니라, 그러한 지도자들이 끊임없이 그 기관에서 자신들을 의지적으로 재생산한다는 것을 알 수 있다.[42] 달리 말하면, 지도자인 당신이 혼자서 일을 한다면 그것은 시간 낭비일 뿐이다. 그러나 당신이 당신의 사역을 다른 사람과 같이 한다면, 당신이 하는 모든 일은 제자훈련이며 리더십 훈련이다. 당신은 사역을 하고 있을 뿐만 아니라, 모범을 보이고 가르치는 것이다. 당신은 하나님의 조직에서 당신 자신을 끊임없이 재생산할 것이다.

만약 당신과 내가 죽는다거나 아니면 현재의 사역으로부터 자리를 옮기게 되었는데 다른 지도자들을 훈련시켜 준비해 두지 않았다면, 우리는 좋은 지도자가 아닐 것이다. 이것은 틀림없는 사실이다. 지도자에 대한 가장 틀림없는 테스트는 단순히 그의 사명의 성공이나, 그를 따르는 사람들의 수가 아니라, 그가 얼마나 많은 지도자들을 모으고, 육성하고, 배치하고, 능력을 위임하였는가 하는 것이다. 훌륭한 지도자들은 더 많은 지도자들을 육성한다. 이들은 자기 자신들을 끊임없이 배가하는 것이다. 그리고 그들이 그렇게 하는 가장 중요한 방법중 하나는 위임(delegation)을 통해서이다.

비상 상황이나 누군가가 단호한 결정을 내려야 하는 때처럼, 때로는 강력하고 권위적인 리더십 스타일이 필요할 수 있다.

친구 목사가 목회하는 지역사회가 허리케인으로 큰 재난을 당했을 때이다. 그가 내게 이렇게 말했다. "해리, 이번 일과 관련해서 한 가지 다행한 것은 내 성격 유형이 'high D'라는 사실이라네. 그리고 나는 이것을 해명할 필요가 없었지. 모두들, 누군가가 결정을 내리기를 바라고 있기 때문에 이걸 반갑게 생각하고 있네." 권위적 스타일은 다급한 상황에는 적절하다. 만약 배가 가라앉고 있다면, 합의를 끌어낼 시간이 없다. 이러한 상황에서 좋은 지도자라면 고삐를 틀어쥐고, 모든 결정을 혼자서 내려야 할 것이다.

그러나 가장 일상적인 상황에서는, 위임형 리더십이 권위주의형보다 낫다. 리더십 책임을 위임하거나 공유하는 지도자는 다른 지도자들의 은사가 그의 은사를 보완하여, 사역의 더 큰 성공을 이룬다는 것을 알 것이다. 당신이 하는 사역에서 다른 사람들을 훈련하고 참여시킨다면, 그들은 당신의 부재시나 당신이 특별한 책임을 수행할 수 없을 때, 그 일을 수행할 수 있을 것이다. 그리고 당신이 어떤 시점에 그 교회를 떠나야 한다면, 그 사역은 당신이 길러놓은 지도자들을 통하여 무리 없이 이어질 수 있을 것이다.

마이클 조던의 득점을 20점 이하로 묶어 둘 수 있었던, 농구 역사상 유일한 사람은 딘 스미스, 바로 조던을 코치하던 노스캐롤라이나 대학 농구부 감독뿐이었다. 조던은 이 농구부에 있을 때 경기마다 20점 미만의 점수를 올렸을 뿐인데, 그것은 스미스가 그에게 늘 슛만 하지 말고 패스를 하라고 명령했기 때문이었다. 그러나 조던은 그 시절을 회상하면서, 패스를 배운 것이 그가 배운 가장 좋은 교훈—여섯 차례나 NBA 챔피언이 되는 데 없어서는 안 될 것—이었다고 말했다. 조던은 또한 자신이 득점하면 그에게 공을 패스한 선수를 가리키면서 축하하는 것도 배웠다. 이렇게 일을 공유하면서, 그 영광을 함께 나누면서 그는 둘도 없는 가장 위대한 선수가 되었다. 이와 마찬가지로, 우리가 다른 지도자들과 함께 사역할 때 우리는 진정한 성공을 이룰 수 있다.

다른 지도자들과 함께 일하면, 종종 교회 안에서 성격이 강한 사람들 사이에 발생할 수 있는 불화 같은 것들이 제거된다. 우리가 힘을 합해 공동의 적과 맞서 싸울 때, 국가적 위기 상황에 논쟁을 접어두는 정치인들처럼, 우리의 차이점들을 더 쉽고 너그럽게 봐주게 된다. 9·11 테러 뒤에, 정계에서 불구대천의 원수처럼 지내던 두 사람이 함께 손을 잡고 국회의사당 앞 계단에서 〈God Bless America〉를 노래하던 모습이 기억난다. 이러한 일치가 교회 안에서 일어날 수 있으며, 지속될 수 있다. 그러나 그렇게 하기 위하여 우리는 어둠의 세력과의 전투에서 같은 편에 있다는 것과, 총을 들 준비가 되어 있는 사람들이 필요하다는 것을 기억해야 한다.

당신이 목회자나 교회 지도자로서 사역의 군대를 훈련하고 육성하기를 원한다면, 먼저 그 몸 된 교회에서 책임을 공유하지 못하게 가로막는 당신의 자존심을 없애버려야 하고, 어떤 이기심도 제거해버려야 한다. 내 딸 아비가일이 몇 해 전에 이 진리를 아름답게 설명했다. 올림픽 예선 경기에 대비한 훈련으로 6마일 달리기 경기를 하는 딸을 보러 갔을 때였다. 그 경기에는 올림픽 대표 출신도 두 명 나왔다. 그리고 출발 전에 딸과 나는 내 딸이 우승을 한다면 얼마나 대단할지 이야기를 나누었다. 훈련 경기였을 뿐이었지만, 경기가 끝나기도 전에 그 두 명의 유명한 선수들 때문에 나는 자부심을 느끼고 있었던 것이다.

장거리 경기가 드디어 끝나갈 무렵 나는 아비가일이 선두에 있는 놀라운 광경을 목격했다. 그 속도를 유지한다면 아비가일이 우승할 것은 의심의 여지가 없었다. 그러나 결승선을 얼마 남겨 놓지 않고서, 딸은 일부러 속도를 늦추었다. 그 유명한 선수들 중 한 명을 포함한 다른 선수들이 딸을 추월했다. 마지막으로 딸과 같은 팀 선수가 아비가일을 좇아왔다. 아비가일은 그 선수의 손을 잡고 함께 결승선에 들어왔다. 왜 그렇게 했냐고 물으니 딸은 이렇게 말했다. "이건 꼭 이겨야 하는 경기가 아니었어요. 그리고 내 친구가 요즘 많이 힘들어하고 있었어요. 나와 동시에 경기를 마친다면 친구가 용기를 낼 것 같아서요."

나는 그날 내 딸에게서 한 가지 교훈을 얻었다. 어떤 면에서 내 딸은 나보다 더욱 성숙해 있었다. 나는 장난으로라도 아이들이 나를 이기도록 내버려두지 않았었다. 그러나 딸은, 그것이 자신에게는 영광이 되지 않음에도 불구하고 자기 친구가 성공하는 것을 보고 싶어했다. 이러한 것이 바로 내가 가지고 싶은 리더십이다. 나는 일등으로 끝낼 수도 있고 그렇지 않을 수도 있다. 그러나 나는 강하게 마치고 싶다. 그리고 다른 사람들과 함께 그렇게 하고 싶다. 그리고 바로 이것이 좋은 지도자들의 모습일 것이다.

리더십 계발을 위한 커리큘럼

어떻게 하면 영향력 있고, 유능하고, 그리고 하나님의 영광을 위하여 더 많은 지도자들을 만들어내는 지도자들을 계발할 수 있을까? 당신 교회에서 리더십 훈련을 계획하고 나름대로 시작할 때, 당신이 시행해 볼 만한 기초 개요를 제시하고자 한다. 이 개요의 세 부분은 "하나님의 말씀을 너희에게 이르고 너희를 인도하던 자들을 생각하며 저희 행실의 종말을 주의하여 보고 저희 믿음을 본받으라"는 히브리서 13장 7절의 세 부분에 대응한다.

이 말씀은 지도자에게 훈련받고 있는 이들에게 직접 해당하는 것이다. 그러나 이것은 리더십에 관한 아주 중요한 것을 보여준다. 첫째, 이 구절은 교회 안에서 권위를 가지고 있던 사람들은 유능하게 지도하는 방법을 알고 있었다는 것을 보여 줌으로, 당신을 이끈 지도자를 묘사한다. 둘째, 그 지도자들은 하나님의 말씀을 말했다. 그들은 성경에 대한 지식이 충분하여 다른 사람들을 가르칠 수 있었다. 그리고 셋째, 그들의 행동은 본받을 만한 가치가 있었다.

내가 제안하는 리더십 커리큘럼을 위한 기본 개요는 이 세 가지 강조점을 반영한다. 그러나 각자의 중요성을 적절하게 조율하기 위하여 그 순서를 바꾸겠다. 교회를 위한 지도자들을 훈련할 때, 당신은 성품, 내용, 능력이라는 측면에서 그들을 훈련해야 한다.

성품(Character)

훈련은 성품과 함께 시작해야 한다고 내가 확신하는 이유의 하나는 디모데전서 3장에 나와 있는 지도자 자질의 속성 때문이다. 17가지 자질 가운데 15개가 성품과 행동에 관한 것이다. 반면 단 두 개만 기능에 관한 것이다. 바울은 다스릴 수 있고 가르칠 수 있어야 한다고 말한다. 그러나 나머지는 모두 지도자는 어떤 종류의 사람이 되어야 하는지에 관한 것이다. 나는 이 말씀을 성품이 지식이나 능력보다 훨씬 더 중요하며, 나머지 것들은 이것 뒤에 온다는 것으로 이해한다.

어떤 신학 시험에서든지 가장 좋은 점수를 받을 수 있고, 그리고 교리 논쟁에서는 누구든 물리칠 수 있지만 성품의 결여로 자신이 몸담고 있는 교회를 죽이는 목회자들이 있다. 한편 지적인 능력은 전혀 돋보이지 않지만 좋은 성품을 가진 사람들도 있다. 이들은 사역을 계속해 나가면 다음 둘 가운데 하나를 드러낸다. 아주 어려운 일을 통하여 더욱 능력 있는 사람이 되거나, 아니면 자신의 약점을 보완해 줄 수 있는 다른 사람들을 자신의 주위에 넘치게 한다.

한 지도자가 자기 주변에 어떤 지도자들을 두고 있는지 눈여겨보면 흥미로운 것을 알 수 있다. 어떤 지도자는 자신을 돋보이게 하기 위하여 자기 주변에 다른 지도자들을 둔다. 그러나 최고의 지도자는 자신이 돌보는 사람들에게 유익한 도움을 주기를 바라며, 이것을 자신의 일차적 관심으로 삼는다. 자신을 드러내려는 게 아니라 다른 사람들을 섬기려는 것이다. 그러므로 이 지도자는 사람들을 더 잘 섬기기 위해서라면, 다른 사람들을 자신보다 기꺼이 더 높이고자 한다.

꺼져 가는 불씨를 살려 불길을 일으킬 수 있는 리더십을 교회에서 육성하고자 한다면, 리더십 능력만큼이나 이러한 겸손을 가지고 있는 사람들을 찾아서 훈련시켜야 할 것이다. 성품을 갖추지 못한 채 리더십 능력을 가지게 된다면, 그들은 자신들의 능력을 자신의 목적을 위하여 다른 사람들을 나쁘게 조종하는 데 사용할 것이다. 그러나 신실한 성품과 행동은 리더십 능력을 가르치는 좋은 기초가 된다.

조지 워싱턴 카버는 오늘 우리에게 필요한 사심 없는 리더십의 모범이었다. 제1차 세계 대전 중 토머스 에디슨이 비밀리에 카버에게 연봉 10만 달러, 또는 20만 달러, 아니면 미국 대통령 연봉의 다섯 배를 받는 어떤 일을 제의했다고 《석세스》 지가 보도했다. 카버는 그 보도에 대해 "달리 할 말은 없었고 편지로 에디슨 씨에게 고맙다고 했다"고 말했다. 그러나 카버는 자신이 돌보고 있던 사람들과 함께 계속 남부에 머물 것이며, 그들을 도울 것이라고 분명히 말했다고·한다.[43]

카버는 말년에 헨리 포드에게서도 비슷한 제의를 받았지만, 이것도 그는 거절했다는 소문이 있었다. 그는 줄곧 앨라배마 투스키지 연구소(Tuskegee Institute in Alabama)에서 사람들을 교육하고 훈련하면서 지냈으며, 여기서 그가 받은 돈은 그가 제의받았던 자리들에 비하면 너무나 적었다. 그를 이끈 것은 탐욕이 아니라 소명, 그리고 그가 섬기는 사람들의 필요였다. 바로 이것이 성품이다.

카버와 마찬가지로, 남북전쟁이 끝난 뒤 로버트 리(Robert E. Lee)에게도 수많은 매력적인 재정적 제의가 쇄도했었다. 뉴욕의 한 기업이 남부 지역에서 사업을 촉진하기 위하여 그에게 연봉 5만 달러를 제의했다. 니커보커 보험사(Knickerbocker Insurance Company)는 그에게 연봉 2만 5,000달러와 함께 사장직을 제의했다.

그러나 리는 이런 제의들이 자신의 명성에 기초한 것이지 자신의 실제 능력에 기초한 것이 아니라는 것을 확인하고는, 자신의 수입에 어울리는 일을 해야 한다면서 정중하게 거절하였다. 리는 자신의 명성이 올라가게 된 데는 수많은 부하들의 희생이 있었는데, 사사로운 이익을 챙기려고 자신의 명성을 이용하는 것은 온당하지 않다고 말했다.

또한 그는 연간 1만 5,000달러 이상의 토지를 보장한 영국 작위도 거절했다. 이것을 제안한 쪽에 사의를 표하면서 그는 이렇게 말했다. "나는 내 부하들의 운명과 함께해야 합니다." 그리고 그의 성품과 관련하여 가장 널리 알려진 이야기는 북부의 한 생명보험사의 제안을 거절한 일화일 것이다. 그 회사는 리의 이름을 사용하는 대가로 1만 달러를 제의했다. 그는 정중하게 거절하면서 "내 이름은 어떤 값으로도 팔 수 없습니다"라고 말했다. 대신 리는 연봉 1,500달러의 워싱턴대학 총장으로 봉사했다. 카버와 마찬가지로, 그 역시 여생을 젊은이들을 교육하는 데 보내길 원했기 때문이다.[44]

로버트 리의 삶과 관련한 또 하나의 일화가 미래의 지도자들이 배워야 할 가장 중요한 진리의 하나를 보여 준다. 그것은 바로 우리의 성품은 환경을 따르지 않는다는 것이다. 그 대신 환경은 성품을 드러내고 성품을 다듬는 기회가 된다. 좋은 지도자는 나쁜 환경을 핑계로 이용하지 않는다. 오히려 그는 이것을 하나님의 은혜로, 위대한 일이 일어날 기회로 삼는다.

1865년 5월 초, 리 장군은 마침내 애포매톡스에서 항복했다. 그 다음 일요일, 그는 늘 해 오던 대로, 세인트폴성공회교회 예배에 참석했다. 남부의 대부분의 교회들과 마찬가지로, 이 교회도 예배 좌석이 분리되어 있었다. 노예들은 발코니에, 백인 회중은 예배당 안에 앉았다.

성찬식이 거행되었을 때, 백인 회중이 성찬을 받기 위해 앞으로 나와 무릎을 꿇었다. 그 다음에 백인들은 흑인들이 성찬을 받는 동안 찬송을 불렀다. 성찬식이 진행되고 있는데, 두 명의 북군이 백인 회중이 앉는 예배당 안으로 노예에서 해방된 흑인 남자 한 명을 데리고 들어왔다. 자기네 전통에 대한 이 뻔뻔스러운 도전 앞에 이 교회에는 극도의 침묵이 감돌았다. 북군 병사들은 하나님께 예배하는 것보다는 사건을 하나 일으켜 보려는데 관심이 있었기 때문이었다. 긴장된 침묵이 잠시 계속됐다. 그리고 제단 쪽으로부터 대리석 통로를 뚜벅뚜벅 걸어오는 소리가 들렸다. 로버트 리가 걸어 오고 있었다. 그는 노예에서 해방된 그 흑인 남자 옆에 무릎을 꿇고 앉았다. 그리고 목사가 그 두 사람 모두에게 성찬을 베풀었다. 그러자 전체 회중이, 흑인과 백인 모두가 일어나 함께 앞으로 나아왔다. 그리고 그날 이후로 그들은 계속 성찬을 함께 나누었다.[45]

리 장군이 그 군인들에게 설교를 하고자 했다면, 성경에서 어떤 변명이라도 찾아내려고 했을 것이다. 아니면, 바로 그 교회를 나가버렸을 것이다. 그러나 그는 그 어려운 상황을 배움과 성장의 경험으로 바꾸어 놓았다. 환경은 당신의 성품을 좌우하지 않는다. 환경은 당신의 성품을 드러내며, 당신의 성품을 다듬는 기회가 된다.

장래의 지도자들이 이 교훈을 배우고, 이 교훈을 따라 살 때 그들은 교회를 변화시킬 수 있는 지도자로 성장하게 될 것이다. 그리고 만약 하나님이 이와 같은 지도자들을 당신에게 축복하여 주신다면, 당신 교회는 변화될 것이다. 지도자의 신실한 성품은 사역 전략이나 상황에서 비롯되는 많은 약점을 극복할 것이다. 그러나 신실한 성품이 없다면, 이 세상에서 가장 좋은 계획이라고 하더라도 결코 성공하지 못할 것이다. 이것이 바로 하나님이 "그러므로 감독은 책망할 것이 없으며"(딤전 3:2)라는 말씀으로 리더십의 모든 자질을 요약하여 주신 까닭이다. 지도자들은 진실한 성품으로 존경받는 사람이 되어야 한다.

진실한 성품은 그리스도에 대한 전적인 의지, 그리스도에 대한 마음을 다하는 헌신, 그리고 그리스도를 위한 의지가 훈련에 의해 나타나게 되는 하나님 은혜의 산물이다.

진실한 성품은 안에서 밖으로 발전한다. 이것은 마음과 영혼의 문제이다. 성품의 계발은 하룻밤 사이에 일어나지 않는다. 이것은 오랜 시간을 두고 계발된다. 진실한 성품은 자기 부정, 자기 제어, 그리고 자기 계발을 드러낸다.

내용(Content)

지도자 훈련을 받는 사람들이 배워야 하는 내용, 즉 정보는 어떤 것이어야 할까? 이 가운데 일부는 아주 분명해야 한다. 곧 이들은 성경의 교리, 하나님의 본성, 은혜의 복음, 교회, 성례 등을 배워야 한다. 웨스트민스터 신앙고백같은 고전적인 신조가 이러한 공부를 위한 좋은 도구가 될 수 있을 것이다. 이것들은 최소한 중요한 교리들에 관한 성경적 가르침을 가르쳐 주기 때문이다.

그러나 내가 강조하지 않으면 리더십 훈련 커리큘럼에서 간과될지도 모르는 몇 가지를 더 제안하고자 한다. 첫째, 역사를 이해하는 시간이 필요하다고 나는 생각한다(이것이 왜 중요한지에 관해서는 제2장 참고). 둘째, 나는 또한 이들이 성경에 능숙해지는 것을 배워야 한다고 제안하고 싶다. 기회가 된다면 그리스어나 히브리어를 배우는 것도 굉장한 일이겠지만, 불행하게도 가장 가능성 있는 지도자들일수록 그럴 기회가 없다. 그러나 성경을 찾는 방법은 알아야 한다. 그래서 어떤 교리에 관한 질문을 받을 때 성경을 가르칠 수 있어야 하고, 사람들을 섬기거나 상담을 하면서 알게 된 문제들과 관련한 중요한 구절들을 찾을 수 있어야 한다. 지도자 훈련을 받는 사람들이 신약 성경과 구약 성경을, 역대상(1 Chronicles)과 고린도전서(1 Corinthians)를, 복음서와 서신서를 구별하지 못하던 때도 있었지만, 이제는 그렇지는 않다. 그러나 당신의 지도자 후보자들이 훈련에 들어가기 전에 성경 입문의 기초 과정이 필요한 사람들이라고 해서 놀라서는 안 된다.

마지막으로, 성경의 특정 교리에 대해서는 이들에게 보다 분명하게 가르쳐야 한다고 나는 제안한다. 하나님 섭리의 교리를 이해하는 것과 적용하는 것은 어느 교회 지도자들에게나, 특히 재활성화가 필요한 교회의 지도자들에게는 절대적으로 필요한 것이다. 한 가지 이유는, 섭리에 대하여 이해하고 있으면 그들 앞에 놓인 도전들에 직면하여 절망하거나 포기하고 싶은 유혹에 맞서 싸울 때 도움을 받을 수 있기 때문이다.

남북전쟁 당시의 또 한 명의 위대한 장군인 스톤웰 잭슨은 명성과 성공이 최절정이었던 시기에 부하의 총에 맞았다. 그는 39세였으며 아마도 남북전쟁 초기 그의 놀라운 승전 때문에 – 오늘날에도 군사 전략으로 연구되고 있으며 존경받고 있다 – 당시 그는 세계에서 가장 유명한 인사였을 것이다. 그가 죽던 날, 의사와 친구들은 그가 죽어 가고 있다는 것을 알았지만 아무도 그에게 전하기 원치 않았다. 결국 그 이야기를 부인인 마리아나가 하게 되었다.

　"토머스." 그녀가 그에게 물었다. "어디에 묻히고 싶어요?"

　"렉싱턴에." 그가 대답했다.

　"당신이 오늘 죽는 것이 하나님의 뜻이라고 내가 말씀 드린다면 당신 어떻겠어요?"

　"마리아나." 잭슨이 대답했다. "내가 오늘 죽는 것이 하나님의 뜻이라면 나는 오늘 죽고 싶어요."

　그런 다음 그는 자신이 좋아하는 성경 구절을 암송했다. 그것은 그날 아침 그가 출석하던 교회의 담임 목사가 설교한 본문이었다. "우리가 알거니와 하나님을 사랑하는 자 곧 그 뜻대로 부르심을 입은 자들에게는 모든 것이 합력하여 선을 이루느니라"(롬 8:28).

　잭슨의 부인은 결국 주저앉고 말았다. 그녀는 흐르는 눈물을 억제할 수가 없었다. 그는 아내의 손을 잡고는 "마리아나, 울지 말아요. 나 때문에 울지 말아요. 안식일에 하나님을 만날 수 있게 해 달라고 당신과 내가 늘 하나님께 기도했잖아요. 그리고 오늘이 바로 주일이잖아. 나는 이제 하나님을 뵙게 될 거야. 하나님이 우리에 대한 섭리를 자비롭게 보여주시는데 기쁘지 않아요?"

　15분 뒤에 그는, 마지막까지 하나님을 의지하면서 숨을 거두었다.[46]

프레드릭스버그(Fredericksburg) 전투에서 로버트 리는 선교사가 될 준비를 하고 있던 그의 딸 애니가 죽었다는 연락을 받았다. 그러나 그는 전투 때문에 딸에게 갈 수가 없었다. 그래서 그는 맏딸에게 편지를 썼다.

"메리, 우리는 애니에게 갈 수가 없지만, 애니는 하나님께 갔단다. 네 엄마는 몸이 약하기 때문에 갈 수가 없다. 우리 친구들이 애니의 장례를 치러야 할 거다. 그렇지만 우리, 하나님 앞에서 기뻐하지 않을래? 내 일곱 자녀 가운데서 하나님을 만날 준비가 되어 있는 한 아이를 하나님이 데려가셨으니까. 이게 하나님의 선한 섭리가 아니겠니? 이 전쟁 가운데서도 하나님은 당신의 자비를 우리에게 더하셨구나. 이제 우리에게 남겨진 것은 이 잔인한 전쟁을 끝내는 것이란다. 그리고 하나님과 함께 있게 될 그곳에서는 우리 가족, 서로 떨어지지 말자."[47]

하나님 섭리의 교리는 역경 가운데서 절망으로 떨어지지 않도록 우리를 지켜줄 뿐만 아니라 하나님이 승리를 주실 때 자만에 빠지지 않게 한다. 이는 모든 선한 일은 하나님의 손으로부터 비롯된다는 것을 우리가 알기 때문이다.

남북전쟁 당시 또 한 명의 장군이 이러한 진리에 관한 일화를 우리에게 보여 주었다. 이번에는 북군 장군이다. 조슈아 챔벌린(Joshua Chamberlain)은 전쟁 발발 전에는 메인 주의 성경 교사였으며, 그랜트 장군의 전장에서 진급하게 된 유일한 군인이었다. 그는 애포매톡스에서 남군의 항복을 받아내는 임무에 선발되었다. 1865년 바로 그날, 그는 남과 북 사이의 치유를 촉진하기 위하여 그 누구보다도 열심히 일했다.

항복한 8,900명의 남군의 각 부대는 북군 앞을 행진한 다음 자신들의 무기를 내려놓아야 했다. 제1부대가 접근하자 조수아 챔벌린은 북군 전체에게 명령을 내려, 바로 그 패배한 군대에게, 4년 동안이나 마주 보고 결사적으로 싸웠던 바로 그들에게 경례를 하라고 했다. 사열식 내내 그는 남군에게 경례 명령을 내렸다.

챔벌린은 그 일로 군법회의에 부쳐질 수 있을 것이라고 생각했지만, 나라의 재통합에 크게 기여할 것이라고 생각했기 때문에 그렇게 했다고 말했다. 그는 군법회의에는 부쳐지지 않았지만, 1868년 부통령 후보 경선에서 그 대가를 치렀다. 그렇지만 그는 그 일이 바른 일이었기 때문에 그럴 가치가 있었다고 말했다.[48]

농구 선수들은 상대 선수들 위로 덩크 슛을 날린 다음 수비 진영으로 돌아가면서 상대 선수들을 거만스럽게 노려본다. 투수는 상대 타자를 삼진 처리하고 덕 아웃으로 돌아오면서 총을 쏘는 흉내를 낸다. 그러나 이 북군 장군은 자신이 패배시킨 그들에게, 그 전쟁에서 그의 사랑하는 부하들을 죽였던 바로 그들에게, 친절과 존경심을 보여 주었다. 이것은 챔벌린이 하나님의 섭리를 믿었기 때문이다. 그는 자신이 거둔 승리가 남들보다 낫기 때문이 아니라 하나님이 그것을 허락하셨기 때문이라는 것을 알고 있었다.

재활성화의 불이 당신의 교회에서 타오르기 시작하면, 놀라운 일들이 일어나기 시작하면, 당신과 다른 지도자들은 그것이 당신이 훌륭해서가 아니며, 당신이 이전의 지도자들보다 더 낫기 때문이 아니라는 것을 알아야 한다. 한 교회가 꺼져 가는 불씨를 살려 불길로 타오르는 것은 하나님이 그 교회에 자비를 부어 주셨기 때문이다. 모든 영광은 하나님의 것이다.

능력(Competency)

훈련 커리큘럼의 일부로서 미래의 지도자들이 계발해야 할 능력은 무엇일까? 성품과 지식만으로는 충분하지 않다. 이들은 또한 지도자로서 수행할 일에 있어서 얼마간의 경험과 증명된 능력을 가지고 있어야 한다. 그래서 나는 지도자가 반드시 계발해야 하는 기술들을 '3M'으로 요약하여 제안한다.

첫째, 이들은 어떻게 하면 다른 사람들이 잘 자랄 수 있도록, **목자**(Minister)와 감독으로서 섬길 수 있는지를 배워야 한다. 사도행전 20장 28절에서 바울은 에베소교회의 장로들에게 이렇게 말했다. "너희는 자기를 위하여 또는 온 양떼를 위하여 삼가라 성령이 저들 가운데 너희로 감독자를 삼고 하나님이 자기 피로 사신 교회를 치게 하셨느니라." 그리고 베드로는 또 다른 장로들에게 이렇게 말했다. "너희 중 장로들에게 권하노니 나는 함께 장로 된 자요 그리스도의 고난의 증인이요 나타날 영광에 참예할 자로라 너희 중에 있는 하나님의 양 무리를 치되 부득이함으로 하지 말고 오직 하나님의 뜻을 좇아 자원함으로 하며 더러운 이를 위하여 하지 말고 오직 즐거운 뜻으로 하며 맡기운 자들에게 주장하는 자세를 하지 말고 오직 양 무리의 본이 되라 그리하면 목자장이 나타나실 때에 시들지 아니하는 영광의 면류관을 얻으리라"(벧전 5:1~4).

두 번째, 지도자 훈련을 받고 있는 사람들은 **멘토**(Mentor)가 되어 그를 따르는 사람들이 하나님의 말씀을 배우고 좋은 리더십이 유지되고 배가되도록 돕는 방법을 배워야 한다. 다른 지도자들에게서 당신 자신을 재생산하는 것은 교회 지도자의 역할로 본질적으로 요구되는 것이다. 그리고 그 다음에는 당신이 훈련한 지도자들이 또 다른 사람들에게서 자신들을 재생산해야 한다. 그렇게 계속 진행되어야 한다. 바로 이것이 바울이 디모데후서 2장 2절에서 제시한 패턴이다. "또 네가 많은 증인 앞에서 내게 들은 바를 충성된 사람들에게 부탁하라 저희가 또 다른 사람들을 가르칠 수 있으리라."

셋째, 당신은 잠재적 지도자들이 그들 자신을, 그들의 가족들을, 그리고 교회를 **관리(Manage)**할 수 있도록 훈련해야 한다. 고린도전서 9장 27절에서 사도 바울은 이렇게 말한다. "내가 내 몸을 쳐 복종하게 함은 내가 남에게 전파한 후에 자기가 도리어 버림이 될까 두려워함이로라." 그리고 디모데전서 3장 4, 5절은 장로들에 대하여 이렇게 말한다. "자기 집을 잘 다스려 자녀들로 모든 단정함으로 복종케 하는 자라야 할지며 (사람이 자기 집을 다스릴 줄 알지 못하면 어찌 하나님의 교회를 돌아보리요)." 관리는 교회 지도자들의 역할의 중요한 부분이기 때문에, 그 책임을 위해 훈련을 받고 있는 사람들은 자신들이 섬기는 교회의 정책과 절차들을 잘 알고 있어야 한다. 그리고 이들에게 그 공식적안 책무를 맡기기 전에 이것을 관리하는 기회를 먼저 주어야 한다.

이들을 사역자, 조언자, 그리고 관리자로 훈련하고자 하는 당신에게 도움을 주기 위하여, 나는 다음과 같이 내가 수년 동안 체득한 리더십 원리와 실천의 목록을 만들었다. 이 안에 들어 있는 노하우가 당신을, 지금 인도하고 있는 지도자들을, 그리고 당신이 지도하고 있는 미래의 지도자들을 하나님의 영광을 위하여 더욱 능력 있는 사람이 되도록 도움을 줄 것이다.

- 모험을 하라. 그러나 현실을 무시하지 말라.
- 혁신자가 되라. 그러나 그것이 단지 관심을 끌기 위한 엉뚱함이나 기발함이어서는 안 된다.
- 주도자가 되라. 그러나 사람들을 억압하지는 말라.
- 다른 사람들의 능률이 향상되도록 높은 기대치를 가지라. 그러나 불가능한 요구로 그들이 실패하지 않도록 하라.
- 긍정적인 태도를 유지하라. 그러나 현실 감각을 유지하라. 작은 일

에서 성공할 수 있도록 기회를 만들라. 그리하여 사람들이 더 큰 도전에 맞서 싸울 수 있도록 용기를 주라.
- 앞에서 이끌라. 그러나 뒤에서 따르는 사람들과 지원하는 사람들과 함께하라.
- 성공에 대한 공식적인 영예를 다른 사람들에게 돌리라. 그러나 실패나 패배의 책임은 당신이 지라.
- 당신의 계획을 세우고 당신의 계획을 실천하라. 그리고 늘 당신의 계획과 당신의 일은 사람임을 명심하라.
- 유능한 지도자는 자신의 리더십 계획 안에 우선순위를 설정하고 그대로 행동으로 옮긴다.
- 유능한 지도자는 자신과 자신을 따르는 사람들에게 책임을 맡긴다.
- 유능한 지도자는 솔선수범한다.
- 유능한 지도자는 반대하는 사람들을 향한 비난과 적의를 삼간다.
- 유능한 지도자는 부하에 대한 불필요한 합리화와 공개적인 비난을 삼간다.
- 유능한 지도자는 다른 사람들에 대한 그들의 기대는 물론 그들의 목표와 방법을 분명하게 알린다.
- 유능한 지도자는 합의를 보장하고 비전과 목표와 철학과 전술에서 부하들로부터 지지를 받는다.
- 유능한 지도자는 그들의 부하들의 취향과 장점과 약점을 안다.
- 유능한 지도자는 추종자에서 지도자까지뿐만 아니라 지도자에서 추종자로 사려 깊은 충성심을 계발한다.
- 유능한 지도자는 용기 있다. 그러나 용기라는 미명 아래 저돌적인

행위는 삼간다.
- 유능한 지도자는 분명한 목적과 전체적인 전략을 계발한다. 그러나 동시에 그들은 유연성을 유지한다.

바라건대 이러한 생각들과 우리가 이 장에서 논의한 여러 가지 주제가 당신이 신실한 지도자들을 육성하여 당신의 교회를 재활성화하는 사역에서 공유되기를 바란다. 그러나 잠재적인 지도자들의 관심을 끌고, 그 사역에 그들이 높은 관심을 가지고 유지하도록 하기 위하여, 당신은 사명과 비전의 원리를 이해하고 적용해야 한다. 따라서 이에 관해서는 다음 장을 읽기를 바란다.

07)
사명과 비전

Mission and Vision

재활성화가 일어나는 것을 보고자 한다면, 사람이 아니라 하나님께 맞춘 비전을 가져야 할 것이다. 그래서 주님이 당신을 통하여 그분의 일을 이루실 때 다른 사람들은 오로지 이렇게 말할 수 있을 것이다. "이것은 주님이 하신 일이다. 주님이 하신 놀라운 일이다. 주님의 이름을 영원히 찬양하자."

07) 사명과 비전

 어느 날 한 남자가 시골 길을 걷다가 헛간 옆에서 활쏘기를 하는 아이를 보았다. 과녁 한 가운데를 맞힌 화살들을 보고 이 사람은 꽤 놀랐다. 헛간 벽에는 과녁이 몇 개 그려져 있었고, 그 과녁들 중심에는 화살이 꽂혀 있었다. 그래서 이 사람은 멈추어 서서 그 아이가 다음 화살을 쏠 때까지 지켜보았다. 아이는 시위를 당긴 다음 화살을 마구잡이로 날려 보냈다. 그런 다음 아이는 화살이 박힌 곳에다가 페인트로 과녁을 그리는 것이었다.
 많은 교회 지도자들이 사역에 접근하는 방식이 이렇다. 그들은 어떤 목표도 정하지 않는다. 그러면서도 그들이 하고 있는 것이 무엇인지 알고 있는 것처럼 보이려고 한다. 그러나 재활성화가 필요한 교회는 이러한 접근법으로는 결코 아무것도 할 수 없을 것이다. 분명하게 규정된 사명과 비전이 반드시 있어야 한다. 그렇지 않으면 그 사역은 갈피를 못 잡고 빗나가고 말 것이다. 예수님은 자신의 사명을 분명하게 이해하고 계셨다. 그리고 그는 자신의 비전을 다른 지도자들에게 맡겨 그들이 그것을 수행하도록 도움을 주셨다. 당신도 성공적인 목자가 되고자 한다면 우리 주님과 똑같이 해야 한다.

많은 사람들이 두 용어를 비슷한 의미로 사용하고 있지만 나는 '사명'과 '비전'을 구분하고 싶다. 당신의 사명은 하나님이 당신 교회를 불러 하나님의 영광을 위하여 하라고 하신 것이다. 한편 비전은 사명이 수행되고 있을 때 하나님이 바라시는 당신 교회이다. 다른 방식으로 표현하면, 사명은 우리의 목적이고 비전은 우리의 열정이다.

이 구별의 기준은 마태복음 28장 19, 20절과 사도행전 1장 8절의 차이점에서 찾을 수 있다. 앞 절에서 예수님은 제자들에게 그들이 무엇을 해야 할 것인지를 말씀하신다("가서 모든 족속으로 제자를 삼아"). 그리고 두 번째 절에서 예수님은 그들이 무엇이 되어야 할 것인지를 말씀하신다("내 증인이 되라"). 예수님은 제자들에게 달성해야 할 목적을 주셨다. 그러나 예수님은 또한 제자들이 그 사명을 달성할 때 어떻게 되어야 할 것인지를 말씀해 주셨다.

하나님으로부터 오는 사명

사명의 개념은 사도행전 13장 36절의 다윗에 대한 묘사에 반영되어 있다. "다윗은 당시에 하나님의 뜻을 좇아 섬기다가 잠들어 그 조상들과 함께 묻혀 썩음을 당하였으되." 다윗은 자신의 존재의 목적을 가지고 있었다. 그리고 그 목적은 구체적으로 자신의 세대에 대한 것이었다. 이와 마찬가지로, 하나님은 당신 교회를 어떤 목적을 위하여 세우셨다. 그리고 그 목적은 하나님이 당신을 두신 바로 그 상황에 맞는 유일한 것이다. 그러므로 당신이 당신 교회의 사명에 대하여 생각할 때, 당신의 상황에서 당신이 처해 있는 위치에 대하여 생각해야만 한다. 단순히 "우리는 하나님께 영광을 돌리기 위하여 존재한다"라고만 말해서는 충분하지 않다. 이것은 좋은 출발점이다. 그러나 우리는 또한 교회가 하나님께 영광을 돌릴 수 있으려면 어떻게 해야 하는지, 우리가 있는 곳은 어디이며, 우리는 누구인지를 고려해야 한다.

도심 교회가 된다는 것은 무슨 의미일까? 교외 교회가 된다는 것은 무슨 의미일까? 도심과 교외의 중간 지점에 있다는 것은 무슨 의미일까? 교회 주변 지역에 대한 특별한 필요나 역학이 존재는 것일까? 예를 들어 대각성 운동의 축복을 받은 곳으로 알려진, 그러나 유니테리언의 보편주의의 공격을 받아 몰락하여 이제는 세속주의에 깊이 빠져 있는 뉴잉글랜드에 자리하고 있는 교회라는 것은 무슨 의미를 가질까? 아니면, 바이블벨트에서의 사명과 기독교 전통이 약한 캘리포니아 같은 곳에서의 사명은 어떻게 다를까?

우리의 교회와 사역들을 위한 목적을 이해하고 분명하게 말할 수 있으려면, 이것은 아주 중요하게 고려해야 할 문제이다. 많은 목회자들이, 만약 우리가 1970년대에 살고 있다면 굉장했을 그런 교회들을 개척하고 이끌고 있다. 복음의 메시지와 그 교회의 사역 목표는 예나 지금이나 동일하다. 그러나 우리가 복음을 전달하는 방식, 우리가 사역 목표들을 성취하는 방식은 그 시대의 속성에 맞게 변해야 할 것이다. 예를 들어, 종교 개혁 시대에 인쇄물로 주님을 찬양했듯이 우리 시대의 기술이 복음을 홍보하는 일에 이용될 수 있다. 세상이 언제나 들어야 하는 답은 그리스도 안에 있는 은혜의 복음이지만, 세상을 향해 던지는 질문은 세대마다, 문화마다 변한다. 우리가 사람들을 사랑한다면, 우리는 진리를 말할 뿐 아니라, 사랑으로 그들이 하는 말을 듣고 그들의 관점에서 이해하려고 노력해야 할 것이다.

나는 1970년대에 이스트캐롤라이나 대학교에 다니면서 그리스도인이 되었다. 역사학 교수가 성경을 교실 밖으로 던져버리는 등, 강의 중에 기독교가 공격을 받을 때가 종종 있었다. 나는 이러한 공격에 맞서 결사적으로 나의 신앙을 방어하려고 노력했다. 조시 맥도웰[Josh McDowell—여러 권의 기독교 변증서를 낸 미국인 작가—역주]이 백마를 타고 언덕 위에 올라가서 왜 기독교가 가장 합리적인 진리 체계인지 사람들에게 말해준다면 나는 그에게 무엇이든지 주었을 것이다. 내가 대학을 다닐 때의 논쟁은 기독교가 진리냐 아니냐 하는 것이었다. 그러나 오늘날 대학생들에게, 이것은 이제 더 이상 논쟁거리도 안 된다. 오늘의 논쟁은 이렇다. "도대체 진리가 존재하는가?" 우리는 회의론과 상대주의의 시대에 살고 있다.

그러면 우리는 이 논쟁에 어떻게 참여해야 할까? 이것은 우리가 교회의 사명을 고려할 때 우리 자신에게 질문해야 하는 문제이다. 사도 바울은 그의 사역이 처한 상황의 중요성을 잘 알고 있었다. 우리는 사도행전에서 사도 바울이 유대인 회당에서 구약 성경을 들어 예수님을 설교했다는 것을 배우게 된다. 그러나 그는 아테네의 그리스 시장에 가서는, 하나님의 존재와 창조의 사실에서부터 시작했다(행 17:22~25). 유대인들은 이미 하나님과 기록된 하나님의 계시를 믿고 있지만, 그리스인들은 그렇지 않다는 것을 알고 있었기 때문이다. 그의 메시지와 목표는 동일했지만, 그의 사역은 그가 처해 있던 상황에 따랐다.

당신의 사명을 선언하라

당신 교회의 사명을 계발하는 데 있어서 중요한 단계는 사명선언문을 만들거나 다듬는 것이다. 나는 1999년에 브라이어우드장로교회의 새로운 담임 목회자가 되었을 때, 그 교회가 이미 가지고 있던 사명선언문을 그대로 유지하자고 요구했다. 모든 것을 바꾸어버리는 것보다 이렇게 하는 것이 '과거와 연결하는' 좋은 방법이었으며, 나는 그 선언문이 매우 좋다고 생각했다. 이것이 그 선언문이다. "브라이어우드장로교회는 하나님의 영광을 위하여 하나님을 예배하고, 그리스도를 위하여 버밍햄을 복음화하고 나아가 세계를 복음화하도록 성도들을 무장시킨다."

이것은 좋은 사명선언문으로, 무엇보다도 전적으로 성경에 기초하고 있었다. 이 사명선언문은 하나님의 영광이 우리의 사역의 목적이라고 이야기한다(고전 10:31). 또한 우리가 그리스도인으로 성숙해야 한다고 말한다(엡 4:11, 12). 이것은 예배의 중요성을 강조한다(요 4:23, 24). 그리고 이것은 세계를 포괄하는 지상명령을 포함하고 있다(마 28:19, 20, 행 1:8). 이것이 좋은 선언문인 또 하나의 이유는 어떤 선언문이라도 대답해야 하는 문제에 답하고 있다는 사실이다. 당신 교회의 사명을 고려할 때, 당신의 선언문 또한 답을 해야 하는 다섯 가지 질문이다. 우리는 누구인가? 우리는 무엇을 하는가? 우리는 이것을 어디에서 하는가? 우리는 이것을 어떻게 하는가? 우리는 이것을 왜 하는가?[49]

우리는 누구인가? 당신의 사명선언문에는 당신이 누구인지에 대한 답이 들어 있어야 한다. 당신의 사명은 당신이 누구인지에 대한 분명한 이해를 요구하기 때문이다. 우리 교회는 브라이어우드장로교회이다. 우리는 제일침례교회도 아니고, 세인트존가톨릭교회도 아니며, 재림교회도 아니다. 그리고 우리는 교회이다. 우리는 정치 조직도, 사교 클럽도, 스포츠 팀도 아니다. 이것이 모두 분명해야 한다. 그러나 이에 앞서, 우리가 누구인지에 대한 이해와 인지가, 우리가 부름받은 사명에 대한 이해와 인지가 선행되어야 할 것이다.

우리가 하는 일은 무엇인가? 브라이어우드에서는 하나님을 예배하고 그리스도를 전하는 데 초점을 맞추고 있다. 우리의 우선과제들은 이 선언문에서 분명해진다. 그리고 이것은 또한 그러한 우선과제들 가운데서 순서를 정한다. 여기서 교회는 논리적으로 전도에 앞서 나온다(다음 쪽 참고). 따라서 이 선언문은 우리가 새로운 사람들에게 이 교회에서 그들이 무엇을 기대할 수 있는지 알려 주는 데 도움을 줄 수 있다. 그리고 이것은 또한 우리가 지도자로서 직면하는 문제들을 평가하는 데 도움을 준다. 예를 들어, 이 교회의 누군가가 새로운 사역을 제안할 때 우리는 다음과 같은 질문을 할 수 있다. "이 사역이 하나님께 예배 드리고 그리스도를 사람들에게 전하는 데 도움을 줄 것인가?" 우리의 사명선언문은 우리의 정력과 자원이 더욱 지혜롭게 사용될 수 있도록 우리에게 도움을 주며, 우리가 두 마리 토끼를 잡으려고 시간을 낭비하지 않도록 도움을 준다.

우리는 이 사명선언문을 어디에서 실현하는가? 우리는 버밍햄에서 우리의 사역을 처음 시작한다. 그러나 우리는 이것을 세상에 전하려는 의식을 가지고 버밍햄에서 시작한다. 그러므로 교회 일정에 선교 대회가 잡혀 있는 것이 보인다고 놀랄 필요는 없다. 해마다 우리는 교인들에게 해외 선교를 위해 헌금하라고 요청하는데 이것도 전혀 놀랄 일이 아니다. 선교사와 그의 가족들을 교인들의 가정에 묵게 하는 것에도 아무도 놀라지 않는다. 왜냐하면 이것 역시 우리 사명의 일부이기 때문이다. 우리의 사명은 버밍햄을 넘어 전 세계로 확장된다. 그러나 이것은 우리가 자리하고 있는 도시에서 시작한다. 그러므로 바로 이곳에서 사명에 헌신하지 않는다면, 우리는 이곳 밖에서는 어떤 것도 하지 않을 것이다. 우리는 우리가 지금 이곳에서 하고 있는 것을 이곳 밖으로 내보내기를 원한다.

우리는 이 사명선언문을 어떻게 실현하는가? 우리는 그리스도인들을 준비시킴으로써 실현한다. 이것이 브라이어우드장로교회가 여느 교회들과 다른 점이다. 우리는 구도자(seeker)에 일차적 목표를 두는 교회가 아니다. 우리는 잃은 자를 찾아 구원할 사람들을 훈련하고 준비하는 교회이다. 그러므로 예배 시간에, 소그룹 모임 시간에 우리는 그리스도인들을 준비시키는 데 의식적으로 초점을 맞춘다. 비그리스도인들에게 민감하기 위하여, 그리고 그들의 필요에 역점을 두기 위하여 우리는 할 수 있는 한 최선의 노력을 기울인다. 그러나 우리의 일차적 목표는 분명히 그리스도인들을 준비시키는 것이다. 이는 그리스도를 찾기 위하여 우리 교회 건물로 오는 사람들에게 의존하는 것이 아니라, 그들이 있는 세상 곳곳으로 나아가 그리스도를 전할 때, 교회는 비로소 세상에 의미 있는 충격을 준다고 확신하기 때문이다. 우리는 교인들이 신앙을 성장시켜 갈 때, "그 흩어진 사람들이 두루 다니며 복음의 말씀을 전할새"라는 사도행전 8장 4절의 초대 교회 성도들과 같이 되기를 소망한다.[50]

우리는 이 사명선언문을 왜 실현하는가? 우리는 하나님의 영광을 위하여 이것을 한다. 우리가 이것을 함으로써 하나님께서 만족해 하시고 영광을 받으실 것이다. 사명선언문을 이 구절로 시작함으로 우리는 우리 자신, 그리고 이것을 읽는 모든 사람들이 우리가 우리 자신을 위해서가 아니라 하나님의 영광을 위하여 존재한다는 것을 기억하도록 한다. 우리는 종종 교회 안에서 가장 중요한 분이 누구신지를 잊어버리기 때문에, 이 구절을 통해 기억해야 하는 것이다. 영국의 위대한 설교가 찰스 스펄전은 다음과 같이 말하고 있다.

"'그에게 영광이 세세 무궁토록 있어야 한다' (딤후 4:18). 이것이 그리스도인의 유일한 욕심이 되어야 한다. 그리스도인은 20개의 소망이 아니라 오직 하나의 소망만을 가져야 한다. 가족이 건강하길 바랄 수 있다. 그러나 오직 '하나님께 영광이 세세 무궁토록' 그렇게 해야 한다. 사업이 번창하는 것을 바랄 수 있다. 그러나 그로 하여금 '하나님께 영광이 세세 무궁토록' 하는 것을 증진시키도록 도움을 주는 한에서만 그렇게 해야 한다. 더욱 많은 은사와 더욱 많은 은혜를 얻고자 바랄 수 있다. 그러나 '하나님께 영광이 세세 무궁토록' 하기 위하여 그렇게 해야 한다. 내가 아는 것은 이것 하나이다. 그리스도인들이여, 주님의 영광이라는 한 가지 동기가 아닌 다른 동기들에 의하여 여러분이 움직일 때, 여러분은 해야 할 일을 할 수 없을 것이다."[51]

그리고 무엇보다도 하나님의 영광에 헌신하지 않는다면, 교회는 마땅히 해야 할 바를 할 수 없게 된다. 고린도후서 5장 9절에서 바울은 우리는 "거하든지 떠나든지 주를 기쁘시게 하는 자"가 되어야 한다고 말했다.

당신의 비전을 개발하라

사명이 당신의 세대에 당신 교회를 향한 하나님의 목적이라면, 비전은 당신의 세계에 부여된 그 목적을 그릴 수 있는 능력이다. 비전은 반드시 사명 선언과 함께 시작해야 한다. 하나님이 당신을 불러 하라고 하신 것이 무엇인지를 당신이 먼저 알아야 하기 때문이다. 그러나 그 다음에 당신은 이와 같은 질문을 던져야 한다. "우리의 시대에 우리의 비전은 어떤 모습을 가져야 할 것인가?" 주님이 뜻하신다면, 우리가 바라는 우리 교회는 어떤 것인가? 앞으로 5년, 그 다음 10년, 그 다음 20년, 그리고 그 다음 세대를 향한 우리의 소망과 꿈은 무엇인가?

이러한 비전을 개발하기 위하여, 교회의 지도자들은 다음과 같은 문제들을 고려해야 할 것이다.

첫째, 교회를 위한 비전은 그 목회자의 소명(그의 열정과 은사)을 반드시 고려해야 한다. 교회에는 다수의 장로들이 있어야 하며, 리더십을 공유해야 하며, 그리고 한 사람 이상이 비전을 가지고 있어야 한다고 나는 확신한다. 지도자들 없이 앞으로 나아가는 교회를 나는 결코 보지 못했다. 나는 또한 분명한 한 사람의 지도자 없이 지도자 그룹이 전진하는 것도 결코 보지 못했다. 이러한 종류의 지도자는 권위나 영향력을 다른 사람들에게 강요하지 않으며, 의도적으로 그들 위에 군림하지 않는다. 그러나 그가 소유하고 있는 능력으로 인하여, 그리고 그에 따르는 존경으로 인하여 그는 교회를 위한 비전을 설정하는 데 있어서 일차적인 역할을 한다. 나는 그 일을 목회자가 해야 한다고 확신한다.

나는 목회자의 비전을 그 교회의 다른 지도자들이 포용하지 않는다면 교회는 결코 불씨를 살려 불길을 일으킬 수 없을 것이라는 것을 분명히 하고 싶다. 만약 그 비전이 오로지 목회자만의 것이라면, 그리고 다른 지도자들의 것이 아니라면 그것은 결코 회중에게까지 이르지 못할 것이다. 그리고 만약 회중이 그 비전에 대한 주인의식이 없다면, 그것은 사산하고 말 것이다. 렌터카 업소에서 차를 빌렸다가 세차를 한 다음에 돌려주는 사람을 보았는가? 있다고 하더라도, 그렇게 많지 않을 것이다. 그것은 그가 그 차의 주인이 아니기 때문이다. 그러므로 사람들은 그 차가 자기의 것이라거나, 아니면 그 차를 고쳐야 한다는 생각이 없다. 교회에서도 마찬가지이다. 만약 교인들이 그 교회의 사역에 대한 주인의식을 가지고 있지 않다면, 그들은 그것을 목회자의 것이라고 생각하고 그에게 그것을 돌려버릴 것이다. 그러므로 목회자들이여, 여러분 자신들을 교회의 주인으로 내세우지 말라. 비전을 개발하라. 그러나 그 비전을 실제로 실현할 수 있는 사람들과 그것을 공유하는 것을 최우선으로 하라.

비전은 일반적으로 목회자에게서 시작되며 목회자가 그 비전을 성취하는 핵심 인물이기 때문에, 그의 열정과 은사가 주의 깊게 고려되어야 한다. 목회자 자신과 그를 돕는 다른 지도자들은 이와 같은 질문을 던져야 할 것이다. 당신이 이 교회에 있는 이유는 무엇인가? 하나님이 당신을 이곳으로 부르셨다고 확신하는 까닭은 무엇인가? 하나님의 말씀과 성례의 사역의 책임을 감당해야 하는 교회의 목회자로서 당신과 당신의 회중을 위한 하나님의 목적은 무엇인가? 목회자의 장점과 약점은 무엇인가? 당신은 목회자의 약점에 먼저 초점을 두어서는 안 될 것이며, 그의 장점을 살려야 할 것이다. 목회자는 자신의 약점을 말해야 할 것이며, 그것이 날마다 개선되는지 점검해야 할 것이다. 그러나 다른 지도자들은 그의 장점을 더욱 살려야 할 것이며, 그것을 최대한 활용해야 할 것이다. 만약 내가 야구팀 감독이고 우리 팀에 맥과이어가 있다면, 나는 그를 선두타자로 내보내지 않을 것이다. 왜냐하면 그는 다른 사람들보다 더 많은 안타를 칠 수 있기 때문이다. 아니, 그의 장점은 홈런을 날리는 것이다. 따라서 나는 그를 4번 타자로 내세워 루상에 있는 주자가 홈을 밟도록 할 것이다. 나는 그의 강점을 살리기를 원한다.

목회자도 이래야 할 것이다. 회중의 장점이 무엇인지 발견하고 그것을 최대한 활용하라. 교회를 위한 비전은 회중의 위치, 기회, 자질, 그리고 자원을 고려하여 개발되어야 할 것이다. 당신이 사는 세상에서 당신이 있는 곳은 어디이며, 당신은 무엇에 기여해야 하는지 깊이 생각하라. 예를 들어 브라이어우드장로교회에는 세계 곳곳과 연계하고 있는 사업가들이 많이 있다. 선교를 지원하기 위하여 바로 이 자원을 우리가 활용하지 않는다면 우리는 어리석은 사람들일 것이다. 우리는 또한 다른 교회들보다 헌금이 많다. 따라서 우리는 새로 시작하는 다른 교회들을 도울 수 있다. 우리는 앨라배마 주 보아스가 아니라 버밍햄에 자리하고 있다. 물론 우리는 보아스에 있는 교회가 하는 것을 할 수도 있을 것이다. 그러나 우리는 보아스에 있는 교회가 할 수 없는 것을 해야 할 것이다. 또한 우리는 버밍햄에 있으므로, 하나님의 사람들 가운데서 인종적 화해를 이루어 복음의 능력을 세상에 전하는 것을 우리의 목표 중 하나로 삼아야 하지 않겠는가?

당신이 당신 교회의 비전에 대하여 생각할 때, 이와 같은 질문을 던지라. 우리 교회는 어디에 자리하고 있는가? 우리의 자산과 자원은 무엇인가? 그리고 하나님께서는 하나님의 나라를 확장하는 일에 이러한 것들을 어떻게 사용하실 것인가? 그 다음, 당신은 다른 지역 교회들의 위치와 사역을 고려해야 할 것이다. 당신의 주변에 어떤 교회들이 있는가? 그리고 당신의 사역은 그들 가운데서 어떤 개성을 가질 수 있는가?

노스캐롤라이나 주 샬롯 크라이스트커버넌트교회의 담임 목사였을 때였다. 나는 우리의 음악 사역의 비전을 두고 기도하고 대화를 나누고 있었다. 누군가가 콘서트를 열자로 제안했지만, 나는 콘서트라는 것이 예배나 복음 전도보다 기독교 오락으로 더 쉽게 유도하는 경향이 있다고 생각하기 때문에 신경이 쓰였다(나는 기독교 오락에 반드시 문제가 있다고 생각하는 것은 아니다. 그러나 이것이 우리의 사명선언문에 썩 잘 어울린다고는 생각하지 않았다). 나는 또한 우리 교회에서 얼마 떨어지지 않은 곳에 있는 다른 교회가 해마다, 스물한 번씩 굉장히 유명하고 수준 높은 콘서트를 열고 있다고 말했다. 그들이 하고 있던 것과 기본적으로 똑같은 것을 하는 문제를 두고 우리는 대화를 나누고 있었다. 그래서 나는 무언가 다른 것을, 우리의 사명과 더 잘 어울리는 것을 하자고 제안했다.

그래서 음악 담당 사역자들은 우리 교회의 사명에 맞고, 다른 지역에서 열고 있는 콘서트에 참석하고 있는 교회 다니는 사람들보다 교회 다니지 않는 사람들로부터 더 관심을 끌 수 있는 기독교 재즈 밴드를 개발했다. 그들은 토요 야외 콘서트를 시작했다. 우리는 기독교 콘서트에 한번도 가보지 않았던, 그리고 한번도 주일 아침에 교회에 와 보지 않았던 사람들이 이 밴드의 음악을 들으려고 오는 것을 보게 되었다. 그 콘서트가 열리는 동안, 가수들은 자신들의 간증을 들려주었고, 청중들에게 자신들이 여기서 콘서트를 여는 까닭을 콘서트 후에 목사님이 설명해 주실 것이라고 말했다. 콘서트가 끝나고 사람들은 문 뒤로 몰려들었고, 나는 그들에게 그리스도 관하여 말할 수 있는 기회를 가지게 되었다.

우리는 몇 마일 떨어지지 않은 곳에서 하고 있는 것을 반복할 필요는 없었다. 사람들이 그런 콘서트를 원했다면, 그들에게 가서 그것을 즐기면 되었다. 대신, 우리는 우리의 자원을 가지고 무언가 독특한 것, 다른 곳에서는 채워 주지 못하는 것을 시작했다. 이와 같이 당신은 당신의 지역사회에서 이미 일어나고 있는 것이 무엇인지 알고 있어야 한다. 그리고 무엇인가 새로운 것에 기여할 사역들을 당신이 개발할 수 있는지 확인해야 할 것이다.

마지막으로, 당신 교회의 비전은 지역사회의 필요와 기회에 기초해야 할 것이다. 교회의 지도자들은 주변의 문화에 대한 연구자가 되어야 한다. 곧 그 교회가 위치하고 있는 그 특정 지역을 특징 짓는 독특한 역학을 알고 있어야 한다. 그 지역에 어떤 사람들이 살고 있는가? 그들의 배경은 무엇인가? 그들은 무엇을 믿고, 그들이 중요하게 생각하는 것은 무엇인가? 그 지역사회의 모든 사람들이 알고 있는 과거 그곳에서 일어난 일은 어떤 것들이 있는가? 최근 여기서 어떤 변화가 일어나고 있는가?

파인랜즈장로교회에서 목회 사역을 하려고 1980년 마이애미에 갔을 때, 나는 이 교회가 1959년 설립된 이래 지역사회가 급격하게 변화를 겪고 있다는 사실을 알게 되었다. 설립 당시에는 은퇴 이후의 생활을 위해 북부에서 플로리다로 이주하는 사람들이 많았다. 마이애미 남쪽은 그렇게 비싼 동네가 아니었으므로 노동자와 하류층 화이트칼라 가정들이 이 지역으로 많이 이사해 왔다. 플로리다에서 새로운 생활을 시작하는 그들에게는 쇼핑을 할 새로운 상점들, 자녀들이 다닐 새로운 학교들, 돌봐줄 새로운 의사들이 필요했다. 그리고 새로운 교회를 찾는 사람들도 많았다. 사실 그들 가운데 일부는 장로교회를 찾고 있었다. 그래서 1959년 당시 파인랜즈장로교회의 담임 목회자가 한 것은 북부에서 이사 온 사람들의 필요를 채워 줄 괜찮은 장로교회를 개척하는 것이었다. 그래서 이 교회는 '받아들이는' 교회였다. 교회는 좋은 장로교회를 찾아온 사람들을 받아들여 교인수가 900명에 달했다.

그러나 1980년 내가 그곳에 갔을 때, 그 지역사회는 교회에 다니는 북부 이주민들로 이루어져 있지 않았다. 내가 이사 간 집의 이웃 중에, 이와 비슷하기라도 한 사람들은 텍사스 출신 부부와 네브라스카 출신의 남자 한 명뿐이었다. 우리 집 근처에 있는 그밖에 다른 사람들은 뉴욕에서 온 유대인 부부, 도미니카 출신 부부, 자메이카 출신들, 그리고 그라나다 출신들이었다. 우리의 이웃을 구성한 것은 바로 다문화적 태피스트리(tapestry)였다. 다행인 것은 서인도제도에서 온 사람들이 영어를 할 줄 안다는 것이었고, 안타까운 것은 그들 가운데 일부러 장로교회를 찾는 사람은 없었다는 것이었다.

그래서 우리는 '받아들이는' 교회에서 선교 교회로 우리의 마음 자세와 접근방식을 바꿔야만 했다. 다행히 선교 현장은 우리에게 있었다. 그러나 우리는 여전히 하나님이 우리를 부르시어 가라고 명령하신 다른 문화와 연결하는 방법을 찾아야 했다. 어떤 사람들은 교회 주변의 지역사회가 급격히 변하자 교회 건물을 매각하고 비슷한 사람들이 있는 다른 지역으로 옮기자고 제안하기도 했다. 나는 동의하지 않았다. 나는 하나님께서 이곳에 교회를 주셨다면, 이 지역을 포기하기 전에 지역에 맞는 사역으로 적합하게 바꾸어야 할 것이라고 생각했다. 다른 곳에 다른 교회를 개척해야 한다면, 기존 교회의 사역은 그 사역에 가장 은사가 있는 지도자들에 의해 계속되어야 할 것이라고 나는 생각했다.

때로 지역사회는 또 다른 방식으로 변화한다. 나는 지금은 인구가 아주 적은 노스캐롤라이나 주 샬로트에 있는 한 교회에서 그리스도인이 되었다. 그 당시 만약 당신이 복음주의, 개혁주의, 장로교회를 원했다면, 그 교회가 유일한 선택이었다. 그래서 그 교회는 수백 명이 예배에 참석했다. 그러나 오늘날에는 사람들이 원하는 종류의 교회를 선택할 여지가 아주 많다. 나는 지도자들과 앉아서 이렇게 말했다. "승리의 파티는 이제 그만해야 할 겁니다. 여러분이 내걸었던 것들이 이제는 이 도시 어딜 가도 있습니다. 여러분은 이제 가게를 열고 그저 먼데서 사람들이 몰려오기만 기다리고 있어서는 안 된다는 사실을 인식해야 합니다. 여러분은 이제 이 교회 건물 인근 3~5마일 지역의 환경을 살펴보아야 합니다. 여러분들에게 사람들을 확 휘어잡을 만한 설교자가 있는 것이 아니라면, 차를 타고 오는 길에 우리와 비슷한 교회 다섯 곳을 지나쳐 이곳까지 올 사람은 없을 것입니다. 그러니 여러분들이 이곳에서 해야 할 것이 무엇이겠습니까? 여러분들을 둘러싸고 있는 모든 것들이 변했습니다. 여러분들은 이 사실을 인식해야 하고, 이제 이에 따라 변화해야 합니다."

이와 같이, 당신도 당신 주변의 현재 상황을 살펴볼 필요가 있다. 과거의 상황이 아니라, 바로 지금의 상황 말이다. 이웃은 변한다. 지금 이웃에 누가 살고 있는가? 당신이 다가가야 할 사람들은 누구인가? 그들이 특별히 필요로 하는 것은 무엇인가? 당신 주변 지역사회의 역학을 연구하고 이것을 당신의 비전에 투입할 때, 당신의 교회가 불씨를 살려 불길로 타오르는 것을 보기 위하여 필요한 지혜를 얻게 될 것이다.

비전을 실행하라

브라이어우드장로교회의 비전은 '진원지 교회'가 되는 것이다. 진원지는 지진이 시작되는 곳이다. 이것은 지각을 통하여 충격파를 사방 수 마일까지 보내고, 바다를 통하여 해일을 일으킨다. 우리는 우리의 교회에서 사방으로 퍼져나가 우리 시대의 부흥의 진원지가 될 '복음의 지진'을 일으켜 달라고 하나님께 구하고 있다. 우리가 보기를 원하는 진동은 복음 전도, 제자훈련, 교회 개척, 교회 재활성화, 그리고 사랑과 자비와 정의의 실천이다.

바로 이것이 초대 교회에서 발생했던 사역 방법이다. 그리고 바로 이것이 복음이 온 세상으로 전파되는 방식이다. 바울은 성경적 복음 전도와 제자훈련을 통하여 교회를 개척했다. 그 다음에 그는 자신이 세운 교회를 재활성화하고 강화하는 일을 했다. 그는 사랑과 자비와 정의의 실행에 자신을 바쳤으며, 이러한 사역을 어떻게 하면 수행할 수 있는지를 그 교회들에게 가르쳐 주었다. 그 교회들 가운데 몇 교회는 복음 사역의 진원지가 되어 선교사들을 파송하고 그들 주위에 더 많은 교회들을 개척했다.

브라이어우드장로교회 지도자들의 목표는 우리 교회도 그런 교회가 되자는 것이다. 우리는 교인들이 이와 같은 교회의 일원이 된다는 것에, 그리고 우리의 사역을 통하여 세상에 주게 될 충격에 흥분하게 되기를 원한다. 교회의 구성원들과 잠재적 구성원들에게 동기를 부여할 더 좋은 방법은 존재하지 않기 때문에, 비전을 전달하는 것은 매우 중요하다. 비전보다 사람들을 더 창조적이고, 희생적이고, 기쁨에 넘치고, 사역을 지속적으로 지원하게 하는 동기부여는 존재하지 않는다. 이것은 교회의 지도자들이 가장 많이 사용하는 도구인 죄의식보다 더 강력한 동기부여임에 틀림없다. 예를 들어 많은 교회 지도자들이 회중에게 이렇게 말한다. "우리는 베이비시터가 필요합니다. 자녀를 다른 사람에게 맡기면서 자신은 한번도 베이비시터로 섬기지 않는다면 어떻게 매주일 교회에 앉아 있을 수 있겠습니까?" 사람들이 자신들의 열정을 발견하고 자신들의 은사를 사용하게 도움을 주는 대신, 이들에게 채찍을 휘둘러 억지로 동의하게 한다고 가정해 보자.

이런 접근방식으로 얼마나 많은 사람들이 동기부여를 받을 것이라고 생각하는가? 거의 없을 것이며, 그렇게 하는 사람도 대부분은 지나친 죄의식이 동기가 된 사람들일 것이다. 우리에게는 성도들이 사역에 더 좋은 동기—복음의 동기—를 가지도록 도움을 주어야 할 책임이 있다. 죄의식은 한 번, 또는 두 번 정도는 동기를 부여할 수 있을 것이다. 그러나 이것은 영적 성장을 이끌지는 못한다. 브라이언 채플(Bryan Chappell)은 이것을 이렇게 잘 설명하고 있다.

"우리가 하나님을 믿은 이유가, 우리가 사랑하지 않는다면 하나님이 우리를 그렇게 사랑하지 않으실 것이고, 우리가 그렇게 많이 사랑하지 않으면 하나님이 우리를 더 많이 벌 주실 것이고, 그리고 우리가 아주 많이 사랑한다면 하나님이 더욱 많이 우리에게 복을 주실 것이라고 믿고 있기 때문이라면, 우리는 하나님을 섬기고 있는 것이 아니다. 우리는 오직 우리의 이익을 추구하고 있을 뿐인 것이다. 이런 경우에 우리의 삶의 목적은 하나님의 영광이라기보다는 개인적인 발전이나 개인적인 보호이다. 그리고 우리의 도덕적 행동들로 보이는 것들조차도 제1계명을 위반하게 된다. 은혜는 성경이 진정으로 요구하고 있는 계명을 바꾸지 않는다. 오히려 은혜는 계명에 진정으로 순종하게 한다. 죄의식은 완고한 사람들을 십자가로 데리고 간다. 그러나 은혜는 죄의식으로부터 믿는 사람들을 이끌어내야 하며, 그렇지 않으면 우리는 하나님을 섬길 수 없다."[52]

놀라운 비전이 제시되고, 사람들이 그들을 향한 하나님의 은혜에 의해 동기를 부여받게 될 때, 그들은 성령에 의하여 하나님의 일에 참여하게 된다.

주일 예배 뒤에 교인들을 배웅하다가 나는 그날 우리 교회에 처음 온 한 남자와 한 여자를 만났다. 그 여자의 나이는 그 남자의 절반밖에 안 되었지만, 내가 "선생님 따님입니까"라고 묻지 않은 것이 얼마나 다행이었는지 모른다. 그녀는 그 남자의 세 번째 부인이었다. 그는 수년 동안 해군 탑건이기도 했던 아주 성공한 사업가였다. 그 부부는 그날 메시지에 감동했고 그래서 내게 몇 가지 영적인 질문을 했다. 나는 약속을 하고 그 두 사람을 만났다. 하나님의 은혜로, 그 남편은 그리스도인이 되었고 그 부인은 그리스도를 떠나 방황하던 오랜 세월을 청산하고 다시 그리스도께 헌신했다. 이들 두 사람은 정기적으로 우리 교회에 나오기 시작했다.

몇 주 뒤에, 우리는 JAARS(Jungle Aviation and Radio Service)라는 선교단체의 도움을 얻어 자메이카 선교 여행 일정을 잡았다. 우리는 그 남자에게 이 선교 여행에 동참해 달라고 권했다. 그리고 그는 동의했다. 선교 팀은 선교단체가 소유하고 있던 50년 된 중고 DC-3기를 타고 자메이카로 날아갔다. 나는 그들이 이륙하는 것을 보면서, 이 고물 비행기가 오가는 길이 무사할 수 있도록 안수기도라도 할 것을 그랬나 생각했다. 나의 새로운 형제도 그 비행기에 대해 역시 인상이 별로 좋지 않았던 게 틀림없었다. 선교여행에서 돌아온 다음 그가 내게 한 가지 제안을 했다. 그는 내게 자신이 큰 부동산 거래 하나를 끝냈는데 거래 수수료로 신형 쌍발 아즈텍 기가 생겼다고 말했다.

"저는 이미 한 대를 가지고 있고, 두 대는 사실 필요하지 않습니다." 그는 내게 말했다. "그래서 아이디어가 하나 있는데, JAARS가 비행기를 필요로 할 때 이 신형 비행기를 사용하면 어떨까요? 내 명의로 이것을 가지고 있다가, 이것이 필요하다고 말씀하시면 이곳으로 날아오겠습니다."

그날 아침 일어날 때만 해도 나는 내가 비행기와 조종사까지 가지게 되리라고는 생각조차 못했었다. 물론 JAARS도 그들이 마음대로 사용할 수 있는 신형 아즈텍 기를 가지게 되리라고는 기대하지 못했었다. 그러나 복음의 능력으로, 그리고 비전의 능력으로 이런 일이 일어났다. 그는 자메이카에서 복음의 필요를 보았다. 그리고 그는 JAARS가 그리스도를 위해 복음을 전하는 그 발걸음을 보았다. 이 남자가 가지고 있는 자원들이 사역을 위해 발휘되었다. 그것은, 그가 투자할 가치가 있는 대상을 발견했기 때문이었다. 죄의식으로는 어느 누구도 이와 같은 동기를 부여받을 수 없다. 사실, 어느 누구도 그에게 이것을 하라고 요구조차 할 수 없다. 그리스도에 의해 그의 마음이 사로잡히고, 그리스도를 높이고 찬양하는 사역에 그가 노출되었을 때, 자발적으로 자신과 자신의 자원들을 내놓았던 것이다.

이것은 재활성화가 필요한 교회의 사역에 관한 중요한 진리를 보여 주는 사례이다. 이런 교회에 있는 지도자들은 종종 '큰일을 생각하기'에는, 하나님을 위한 위대한 일을 하려는 비전을 개발하기에는 자신이 가지고 있는 자원이 충분하지 않다고 생각한다. 그러나 나는 수년 동안 자원이 비전과 사역에 앞서지 않는다는 것을 보아 왔다. 반대로, 비전이 수립되고 그 비전의 방향에 따라 사역이 시작될 때, 다른 지도자들이 그 취지와 자원들을 끌어다가 그 일에 쏟아붓게 된다. 목표를 달성하려면 어떻게 그 많은 자원들을 끌어오는지를 묻지 말고, 목표를 설정했다면 바로 지금 당신이 할 수 있는 것을 계속해 나가라고 나는 제안하고 싶다. 당신의 교회, 당신의 지역사회에 주님을 찬양하는 비전을 개발하고 추구하기 전까지 개발되지 않은 자원들이 존재한다는 것을 당신은 알게 될 것이다.

자원이 사역에 앞서는 경우는 거의 존재하지 않는다. 자원은 사역을 뒤따르며, 그것을 지지하고, 그것을 확장한다. 자원들은 효과적인 사역을 뒤따른다. 그리고 그런 종류의 역사는 능력 있는 지도자들이 성경적인 비전에 집중하고 있을 때 일어나게 된다.

멀리 내다보는 비전

주님을 찬양하고 교인들을 흥분시킬 수 있는 비전은 가깝고 단기적인 목표에 제한되지 않는 것이다. 전진을 표시하고 작은 승리들이 계속 따르도록 하는 목표도 중요하다. 그러나 당신의 비전은 가까운 미래를 훨씬 넘어서야 할 것이다. 당신은 이 질문에 답을 할 수 있어야 할 것이다. "오늘 우리가 하는 것이 다음 세대에, 그리고 그 다음, 그리고 그때까지 주님이 기다리신다면, 앞으로 열 세대 뒤에 어떤 유익을 줄 것인가?"

나는 바로 이것에 대한 아주 좋은 사례를 최근에 읽었다. 옥스포드에는 값비싼 떡갈나무 대들보 천장이 돋보이는 400년 된 아름다운 채플을 가지고 있는 대학이 있다. 이 채플의 지붕을 검사한 조사자들은 떡갈나무 벌레를 막지 못하면 큰 문제가 생길 것이라고 보고했다. 지붕이 곧 무너질 것 같았다. 새로운 지붕이 필요했다.

그 대학은 기존 대들보를 보강할 떡갈나무를 수입할 만큼 여유가 없었다. 그래서 그들은 이 고색창연한 건물을 위한 계획 B와 그 다음에는 계획 C를 진행했다. 그러나 그 진행 과정에서, 400년 전에 이 채플을 건축한 사람들이 떡갈나무 벌레에 대하여 알고 있었으며, 그래서 그들이 다른 지역에 3에이크의 땅을 사서 그곳에 떡갈나무를 심어놓았다는 사실을 발견하게 되었다. 그 대학이 해야 할 일은 그 떡갈나무들을 베어다가 천장을 재건축하고, 그들의 선조들의 선견지명에 감사하는 것뿐이었다.

바로 이것이 비전이다. 우리 대부분은 오직 순간의 계획만을, 아니면 아주 가까운 미래의 계획만을 세울 뿐이다. 우리는 일회용 플라스틱 사회에 살고 있다. 그러나 저 사람들은 무엇인가 본질적인 계획을 세웠다. 만약 예수님이 기다려 주신다면, 열두 세대 뒤에 올 이들을 우리는 보살피기를 원한다. 이것이 비전이다. 그리고 이런 종류의 장기적인 비전은 사람들에게 동기를 부여하고 행동으로 이끌 자원을 제공한다.

브라이어우드장로교회는 'The 100 Plan'이라는 비전선언문에 우리가 논의해 온 원리들을 통합하려고 노력해 오고 있다. 당신 교회의 비전은 물론 우리 교회의 비전과는 매우 다를 것이다. 그러나 나는 우리 교회의 비전을 당신과 나누어 내가 당신에게 하라고 권고해 온 그런 생각들의 예를 발견하기를 바란다.

여기 우리 교회가 다음 10년을 위하여 준비한 목표가 있다. 이것의 효과는 미래에 나타나게 될 것이다.

1. 브라이어우드 사역 제자훈련 적합성 계획인 W.E.L.L. 이행에 전력하

는 평균 100개의 소그룹 사역들을 해마다 시작한다.[53]

2. 브라이어우드의 새가족 중 평균 100명의 결신자를 해마다 찾아내며, E.E.를 통하여 매년 100명의 브라이어우드 성도를 배출하는 동시에, 브라이어우드 전도 사역을 통하여 3개월마다 평균 100명의 결신자를 찾는다.

3. 북미주 전역과 세계에 성경적 사역 모델에 충실한 100개의 진원지 교회의 네트워크를 전략적으로 구성한다.

4. 브라이어우드 재활성화 사역을 통하여 북미주의 100개의 교회를 체계적으로 돌본다.

5. 브라이어우드 사역 모델을 통하여 100명의 인턴을 육성하고 이들을 복음적인 교회 개척이나 재활성화 사역에 전략적으로 배치한다.

6. 브라이어우드 재활성화 사역을 통하여 100개의 타문화권 교회를 전략적으로 육성한다.

7. 전 세계의 전략적으로 확증된 진원지들에 교회 개척이나 재활성화를 위한 100명의 현지 문화권 선교사들을 배치하고 100개의 단기 선교여행으로 이들을 지원한다.

8. 선발, 육성시킨 전략수립팀을 통하여 개발된 100개의 도시/소수민족 사역, 교회 개척 또는 재활성화 프로젝트를 주도한다.

9. 100명의 아프리카계 미국인 신학생을 배출한다.

10. 'The 100 Plan: 21세기를 향한 교두보' 프로젝트를 달성하기 위하여 브라이어우드 구호, 자선, 복음 전도, 선교 사업에 1억 달러를 투입한다.

이러한 목표는 아주 큰 교회라 하더라도 도달하기 힘든 목표처럼 보일 것이다. 그러나 나는 이것들이 하나님의 주권과 계시된 뜻에 일치한다면, 하나님께서 완수하실 수 있다는 것을 진정으로 믿는다. 하나님은 이러한 소망에 기뻐하신다. 왜냐하면 이것들은 하나님의 능력과 하나님의 은혜에 대한 전적인 믿음을 표현하고 있기 때문이다.

랜디 포프(Randy Pope)라는 내 친구는 애틀랜타 지역에 있는 페리미터교회의 담임 목사이다. 20년 전에 그는 비전에 충실한 리더십으로 내게 도전을 주었다. 페리미터교회는 이러한 모토를 채택했다. "우리는 하나님을 위한 참으로 위대한 일을 시도하고자 한다. 이것은 하나님이 그 안에 계시지 않는다면 반드시 실패하고 말 것이다."

이와 같이, 당신의 교회에 재활성화가 일어나는 것을 보고자 한다면, 당신은 사람에게 맞춘 비전이 아니라 하나님께 맞춘 비전을 가져야 할 것이다. 그래서 주님이 당신을 통하여 그분의 일을 이루실 때 다른 사람들은 오로지 이렇게 말할 수 있을 것이다. "이것은 주님이 하신 일이다. 주님이 하신 놀라운 일이다. 주님의 이름을 영원히 찬양하자."

08) 지상명령 제자훈련

Great Commission Discipleship

한 교회가 다른 교회에게 자신이 가지고 있지 않은 것을 줄 수는 없다.
교회 안의 성도들 역시 자신이 훈련을 받지 않았다면
다른 사람들을 믿음 안에서 훈련할 수 없을 것이다.
그러나 반대로, 만약 그들이 하나님과 확고하게 함께 걷고 있다면
그들은 주님을 위하여 산을 옮길 만한 힘을 사용할 수 있을 것이다.

08) 지상명령 제자훈련

마태복음 28장 16~20절보다 더 분명하게 우리의 사명을 제시하고, 우리의 비전을 드러내는 성경 구절은 없을 것이다.

"열한 제자가 갈릴리에 가서 예수의 명하시던 산에 이르러 예수를 뵈옵고 경배하나 오히려 의심하는 자도 있더라 예수께서 나아와 일러 가라사대 하늘과 땅의 모든 권세를 내게 주셨으니 그러므로 너희는 가서 모든 족속으로 제자를 삼아 아버지와 아들과 성령의 이름으로 세례를 주고 내가 너희에게 분부한 모든 것을 가르쳐 지키게 하라 볼지어다 내가 세상 끝 날까지 너희와 항상 함께 있으리라 하시니라."

당신 교회의 사명과 비전을 숙고하고 "처음 행위"를 회복해 나갈 때, 이 말씀은 하나님이 불씨를 살려 불길을 일으키기 위하여 사용하실 동력들(dynamics)에 관한 유용한 관점을 제공해 준다. 지상명령에 관한 논의는 이 책의 마지막 장의 주제로 가장 적당할 것이다. 왜냐하면 이것이 교회가 하나님의 능력으로 갱신될 때 그 교회에 무슨 일이 일어날 것인지, 곧 우리의 진보에 대한 평가 기준을 제공할 것이기 때문이다.

상향적 사역(예배)

지상명령을 성취해 나가는 과정에서 예배의 역할이 자주 간과되고 있지만, 이것은 예수님이 제자들에게 저 유명한 말씀을 하시고 나서 제자들이 가장 먼저 한 일이었다. 마태복음 28장 16, 17절은 이렇게 말한다. "열한 제자가 갈릴리에 가서 예수의 명하시던 산에 이르러 예수를 뵈옵고 경배하나 오히려 의심하는 자도 있더라."

이 이야기는 공동 예배가 지상명령이 성취되는 데 필수적인 기초를 제공한다는 것을 보여 준다. 당신 교회가 하나님의 영으로 재활성화 되려면, 당신은 먼저 신령과 진정으로 하나님을 예배해야 한다(요 4:24).

당신 교회에서 드려져야 하는 예배가 어떤 종류의 것인지에 대한 당신의 고민을 돕는 방법으로, 우리는 몇 가지 현대적 모델들을 논의할 수 있을 것이다. 이러한 모델들은 예배의 대상으로서는 근거가 없지만 예배의 마땅한 결과라는 목적을 제시한다. 하나님의 사람이라면 직접적으로 성경에 반하는 방식으로 예배하지 않는다. 그렇지만 우리는 종종 다른 것들을 배제하고 한 측면에만 초점을 맞춘다. 우리는 또한 예배의 가장 중요한 목적이신 그리스도를 찬양하는 일을 하지 못하기도 한다.

엔터테인먼트 모델. 공동 예배에 대한 이 접근법에서는 주일 예배 계획이 "모든 사람들에게 즐거운 시간이 되고 있는가?"라는 기준에 의해 조절된다. 이 모델의 일차적인 관심은 교회에 오는 사람들이 즐거운 시간을 가지는지에 있다. 무엇보다도 우리는 그들이 기분 좋은 경험을 하여, 다시 교회에 오고 싶어하기를 바란다. 그래서 우리는 그들을 위한 즐거움을 제공한다. 왜냐하면 현대인들은 즐기고 싶어하기 때문이다.

물론 이 접근법에는 많은 문제점들이 있다. 하나님의 사람은 예배에서 관객이 아니라 참여자가 되어야 하는데, 여기서는 그렇지 못하다. 성경적인 공동 예배의 몇 가지 요소들, 가령 회개, 묵상, 죄 고백, 그리고 중보 기도 같은 것들이 있는데, 엔터테인먼트 모델에는 이러한 것들이 결코 어울리지 않을 것이다.

교화 모델. 이 모델에서 예배는 성도들이 여기에서 얼마나 많은 것을 얻게 되는지에 초점을 둔다. 예를 들어 누군가 주일 예배에 나오지 않으면, 이 교회의 주된 관심은 그 사람이 받지 못한 축복에 있다. 예배에 나오지 않은 사람에게는 이러한 점잖은 책망이 가게 된다. "오늘 예배에 꼭 왔어야 했는데… 축복을 받지 못했잖아요." 예배가 사람들을 위한 것으로 여겨지지 때문에, 이런 접근법에서는 축복하시는 하나님에 대한 생각이 매우 빈약하다. 이러한 접근법의 증세에 대하여 한 작가가 매우 잘 설명한 바 있다.

"예배에서 아무것도 먹지 못했다고 생각하는 불만에 찬 교인들은 종종 개인주의적인 방종을 표현한다. 그들은 예배가 '나에게 먹을 것을 주기 위하여'

존재한다고 주장한다. 그래서 그들이 예배에서 얻은 기쁨이 그 예배의 유효성을 측정하는 기준이 된다. 그러나 예배에서 '얻은 것'이 무엇인지를 언제나 계산하는 예배자는 예배의 본질을 놓쳐버린다. 예배는 안으로 향하는 것이 아니다. 그것은 밖으로 향하는 것이다. 우리는 하나님을 찬양하기 위해 예배를 드리는 것이다. 이것이 예배의 정수이다. 개인적 만족이 예배의 목적이 될 때, 예배는 그 유효성을 상실한다. '오늘 예배에서 무엇을 얻었지?' 라는 질문과 함께 예배당을 떠나는 것은 예배의 본질을 잘못 이해하는 것이다."[54]

복음 전도 모델. '예배'의 주목적이 하나님을 믿지 않는 사람들을 그리스도께 이끄는 것이라고 생각하는 사람들이 있다. 여기서 예배에 따옴표를 한 이유는, 이 목적이 가장 중요한 것이라면, 매주 모이는 그 모임의 이름을 예배라고 부르는 것은 잘못이기 때문이다. 그것은 예배라기보다는 차라리 전도 행사(outreach event)에 가깝다. 많은 사람들이 그것을 '구도자 중심 예배'(seeker centered worship service)라고 부른다. 이것은 모순어법처럼 보인다. 하나님 중심(God-centered)이 아니라 구도자가 중심이라면 어떻게 그것을 예배라고 부를 수 있겠는가?

고린도전서 14장 23~25절에서 바울은 교회는 무엇보다도 예배를 위하여 모이는 것이며, 우리가 하나님께 초점을 맞출 때 믿지 않는 사람들이 하나님께로 이끌림을 받을 것이라고 말한다. 이것은 '하나님을 찬미하는 전도'(doxological evangelism)라고 불린다.

"그러므로 온 교회가 함께 모여 다 방언으로 말하면 무식한 자들이나 믿지 아니하는 자들이 들어와서 너희를 미쳤다 하지 아니하겠느냐 그러나 다 예언을 하면 믿지 아니하는 자들이나 무식한 자들이 들어와서 모든 사람에게 책망을 들으며 모든 사람에게 판단을 받고 그 마음의 숨은 일이 드러나게 되므로 엎드리어 하나님께 경배하며 하나님이 참으로 너희 가운데 계시다 전파하리라."

그러므로 공동 예배의 성경적 목적은 하나님을 찬양함이 그 첫 번째이며, 성도들을 교화함이 두 번째이며, 그 다음은 복음 전도의 결과로 비그리스도인들이 "하나님이 우리 가운데 계신다"는 것을 알 수 있게 되는 것이다.

엔지니어 모델. 일부 교회 지도자들은 예배를 무엇보다도 그들이 교회를 위해 설정한 목표를 달성하기 위한 과정으로, 아니면 무엇인가를 얻기 위한 방법으로 본다. 예를 들어 장로들이 만약 이 책을 읽는다면, 그들은 이 책을 읽고 자신들의 교회에서 재활성화를 생산하기 위한 예배를 '설계' 하기 시작할 것이다. 이러한 실용주의적 또는 기계적인 예배로의 접근을 경계하라. 이는 우리가 모여 예배하는 목적이 되시는 분을 초점에서 놓칠 수 있기 때문이다. 당신 교회의 예배는 당신의 사명과 비전에 분명하게 맞추어져야 한다. 그러나 하나님의 영광이 반드시 당신의 일차적인 목적으로 남아 있어야 한다.

교육 모델. 이것은 흔히 범하게 되는 오류이다. 특히 하나님의 말씀을 사랑하는 교회들도 범하게 되는 일반적인 오류이다. 설교가 예배에서 가장 중요한 부분으로 여겨지면서, 예배가 일차적으로 교육을 위한 수단으로 치부되기 시작했다. 나는 이 접근법의 보기로 내가 아는 한 사람을 들 수 있는데, 그 남자는 매주일 지각을 했다. 그는 매번 설교가 시작되기 직전에 들어왔다. 왜 그렇게 지각을 하냐고 묻자 그 남자는 "준비 시간은 그냥 건너뛰려고요"라고 대답했다. 그가 말한 준비 시간은 찬송, 기도, 헌금 같은 다른 예배 요소들을 의미했다. 그래서 나는 헌금이 준비 시간에 불과한지 아나니아와 삽비라에게 가서 물어보라고 말해 주었다(행 5:1~11).

또 다른 목회자 한 사람은 내게 자신이 섬기는 교회에는 예배 시간에 헌금 순서가 없다고 했다. 그것은 예배가 교인들의 돈 때문에 있는 것이 아니라는 것을 알려 주기 위해서라고 한다. 이것은 그들이 헌금의 목적에 대해서 잘못 이해하고 있음을 보여 준다. 헌금의 주 목적은 교인들에게서 돈을 받기 위한 것이 아니라, 교인들이 자신들이 받은 은사로 하나님께 예배하기 위한 것이다. 마찬가지로 이는 시편, 찬송, 송영 등에 대해서도 마찬가지이다. 이것들은 설교에 마음을 열 수 있도록 돕는 것들이기는 하지만, 단지 설교 메시지를 위한 좋은 '준비'에 지나지 않는 것들이 아니다. 찬송 그 자체가 하나님께 드리는 예배이다. 마찬가지로, 죄 고백도 예배이다. 신앙 고백도 예배이다. 성경 봉독과 성례도 예배이다. 그리고 설교 그 자체도 무엇인가를 배우는 기회가 아니라, 예배의 일부로 여겨져야 한다(5장 참고).

사람들은 하나님께 예배하는 기쁨을 누려야 한다. 교훈을 얻고 축복을 받아야 한다. 예배 시간에 그리스도를 얻어야 한다. 예배 중에 그들이 나아가야 할 바를 들어야 한다. 그러나 이러한 것들은 진정한 예배의 본질이나 목적이라기보다는 진정한 예배의 결과라고 나는 확신한다.

예배의 본질과 목표는 무엇일까? "주님을 기쁘시게 하라." 마음에 기쁨을 가져오고, 비그리스도인들을 그리스도께로 인도하고, 성도들에게 축복을 가져다 주고, 기독교적 삶의 교훈을 가르치는 것이다. 그렇다면 하나님의 사람으로 이끄는 것은 무엇일까? 창조자, 구원자, 그리고 아버지의 영광을 드러내시는 그리스도의 완전함과 충만함 안에서 하나님을 찬양하는 것이다. 진정한 예배에서는 무엇이 일어날까? "주님을 송축하라, 내 영혼아." 내가 주님을 송축할 때 내게 무슨 일이 일어날까? 내가 축복을 받는다. 내가 '주님을 예배하고 그분만을 섬길 때', 나는 하나님 바로 그분에 의해 섬김을 받고 교화된다.

하나님이 우리 예배의 중심에 계실 때, 그리고 하나님의 말씀이 하나님의 사람들에게 설교될 때, 비그리스도인들 역시 하나님께 영광을 돌리게 될 것이다. 그리고 그 교회는 그들의 행진 명령을 받게 될 것이다. 그리고 그 교회는 하나님의 말씀을 배우게 된다. 그러나 다시 한 번 강조하지만 이 모두는 진정한 예배의 결과이다. 이 자체는 본질이 아니다. 만약 우리가 이 가운데 어떤 것을 예배의 중심으로 삼는다면, 우리는 예배를 하지 못하게 될 뿐만 아니라, 우상 숭배에 빠지게 된다. 이스라엘 백성이 종종 그랬던 것처럼 말이다. 그리고 초대 교회의 사람들처럼 하나님께 영광을 돌리는 목적 대신에, 사람 중심의 목적을 가지고 우상 숭배와 미신적인 예배에 빠져 있을 때 우리는 심판의 자리에 있는 우리 자신을 발견하게 될 것이다(고전 10:1~12).

예배를 뜻하는 그리스어는 'latria' 이다. 그리고 우상 숭배를 뜻하는 것은 'idolatria' 이다. 당신 교회의 예배는 이 둘 가운데 어느 하나, 곧 'latria' 나 'idolatria' 가 될 것이다. 다른 선택의 여지는 없다. 그러므로 당신은 하나님께서 어떤 종류의 예배를 받으실지, 어떤 종류의 예배를 받지 않으실지 깨달아야 한다. 그리고 이것을 사람들에게 가르쳐야 한다. 주님은 신령과 진정으로 하나님을 예배하지 않는 교회를 재활성화하지 않으실 것이다.

외향적 사역(전도)

마태복음 28장 18, 19절에서 예수님은 "그러므로 가서 제자를 삼으라"고 말씀하신다. 그리고 이것을 그리스어 원문 그대로 읽으면 이렇다. "너희가 갈 때." 이 동사의 분사형에는 성도들이 세계로 나아가야 한다는 의미가 들어 있다. 그리고 여기에는 우리가 나아가면서 제자를 삼아야 한다는 의미가 있다. 이것이 가라는 명령의 강도를 약화시키고 있는가? 나는 반대로 이것이 의도적인 복음 전도로의 부름을 강조한다고 생각한다. 왜냐하면 모든 진정한 성도들은 거듭남의 불가결한 결실로서 잃은 자를 찾을 것이기 때문이다. 예수님은 그분의 사람들이 비그리스도인들에게로 나아갈 것임을 당연하게 여기고 계신다. 그리고 그분은 그 다음에 그들이 어떻게 해야 할 것인지를 말씀하신다.[55]

교회는 "나아가야" 한다. 우리는 구도자들이 우리에게 오는 것을 기다려서는 안 된다. 우리가 가야 한다. 예수님께서 "가서 잃어버린 자들을 구원하라"고 말씀하신 것처럼. 예수님은 우리를 찾아 세상에 오셨다. 우리는 그들을 찾아 세상으로 나아가야 한다. 그리고 성경은 우리에게 이 복음 전도가 어떤 것인지를 수도 없이 말하고 있다.

첫째, 우리의 복음 전도는 의식적인 것이어야 한다. 우리는 의자에 등을 대고 앉아서 비그리스도인들이 우리에게 오는 것을 그냥 기다리고 있거나, 우리와 영적인 논쟁을 시작하기만을 기다릴 수는 없다. 그리고 나는 그리스도인이 된 지 오래된 사람일수록 복음 전도는 더욱 더 의도적인 것이 되어야 한다고 생각한다. 왜냐하면 신앙 생활을 오래 한 사람들은 새로운 신자들보다 전도하는 것이 어색하기 때문이다. 새로운 그리스도인들이 대부분의 사람들을 그리스도에게로 인도한다는 사실을 알고 있는가? 이것은 그들이 하나님의 은혜에 더 놀라워하고 있기 때문이다. 그리고 그들에게는 아직도 믿지 않는 친구들이나 지인들이 많이 있기 때문이다.

내가 처음 그리스도인이 되었을 때 내게는 래리라는 오랜 친구가 있었다. 내가 신앙을 가지게 되었다는 것을 그 친구에게 어떻게 하면 말할 수 있을지 나는 고심하고 있었다. 그런데 주님이 내 기도를 들어주셨다. 어느 날 아내와 내가 편의점 주차장에서 그를 만났다. 우리는 차에 앉아 있었고 나는 문을 열어놓은 채로 그 친구와 얘기를 나누었는데, 그 친구가 내 차 안에 있던 성경책을 보았다. 그가 어떻게 된 거냐고 물었고 나는 그리스도인이 되었다고 대답했다. 그리고 그간의 긴 이야기를 내 차에 앉은 채로 그에게 들려주었다. 그렇지만 내 말이 길어질수록 그의 차는 점점 앞으로 움직이기 시작했다. 그리고 결국 그는 밖으로 나가버렸다. 나의 복음 전도 기술이 충분하지 않았기 때문에 래리가 그리스도인이 될 수 없었다고 생각했던 것을 기억하고 있다. 나는 아내에게 고개를 돌려 지금의 일을 어떻게 생각하느냐고 물었다. 아내의 대답은 "써 좋지는 않네요"였다.

두 주일 지난 뒤에 식당에서 한 숙녀가 내게 다가와서 나를 덥석 껴안으며 "해리 리더, 당신을 사랑해요"라고 말했다. 나는 신디와 이제 막 결혼했을 때였고 그래서 순간적으로 이 여인이 옛날 애인이 아닌가 걱정했다. 나는 그를 돌아보고는 안도했다. 래리의 어머니였다. 그녀는 내게 래리가 그리스도인이 되었다고 말했다. 래리가 지난 주일 교회에 가서 그의 삶을 그리스도께 바치기로 했다고 말했다. 나는 그녀에게 혹시 지난주에 내가 차에서 그에게 했던 말이 그 일과 무슨 관련이 있는지 물어보았다. 그녀는 이렇게 대답했다. "아니요, 당신이 한 말을 래리가 다 이해하지 못했나 봐요. 그렇지만 래리는 해리 당신 같은 사람을 그렇게 많이 변화시킬 수 있는 것이라면, 그것이 무엇인지 한번 확인해 보고 싶었다고 했어요."

새신자의 증언은, 그의 친구와 가족이 보는 앞에서 그에게 삶의 변화가 일어나는 것이기 때문에, 힘이 있다. 그러나 우리가 그리스도인이 된 지 꽤 세월이 흘렀다면, 복음을 다른 사람들과 나누는 데는 더욱 힘든 노력을 들여야만 한다. 가장 능력 있는 복음 전도자가 이제 막 그리스도인이 된 사람이라는 생각을 해 본 적이 있는가? 왜? 거기에는 두 가지 이유가 있다고 나는 생각한다. 하나는 은혜의 복음에 대하여 그들이 여전히 '놀라고 있기' 때문이다. 둘째, 그들의 친구들은 대부분 비그리스도인들이다. 시간이 지나면 우리는 놀라기보다는 복음에 익숙해질 수 있으며, 친구들도 대부분 그리스도인일 것이다. 해결책은? 복음에 대한 놀라움을 계속 간직하고 있는 것이다. 그리고 의식적으로 잃은 자들과의 관계를 추구하라. 그러면 당신은 그들과 복음을 나눌 수 있다.

복음은 과정이라는 것을 기억하라. 회심은 한순간에 일어나는 사건이다. 그러나 회심에 이르는 과정은 종종 긴 시간이 걸린다. 때로는 심고, 때로는 물을 주고, 그리고 때로는 기르고, 때로는 거둔다는 것을 상기시켜 당신의 교인들에게 용기를 주라. 그것은 언제나 과정이다. 나는 나를 통해 예수님에 관하여 처음 듣는 사람이 그 자리에서 회심하여 돌아오는 경험은 아직 한 적이 없다. 대부분 한두 번쯤은 누군가로부터 이미 주님에 관하여 이야기를 들은 경험이 있다. 누군가가 이미 그들을 위해 기도했다. 그 씨앗을 이미 뿌려 놓은 것이다.

복음 전도는 반드시 충돌(confrontational)을 야기한다. 많이들 지적하듯이, 믿지 않는 사람들과 관계를 맺는 것은 좋은 것이다. 그러나 언젠가는 그들에게, 예수님께로 나오지 않으면 결국 지옥에 가게 될 것이라는 사실을 들려주어야 한다. 물론 우리는 할 수 있는 한 최선의 방법으로, 부담 없이 사랑과 친절로 이 진리를 전달해야 한다(엡 4:14; 골 4:6). 우리는 그들에게 그 진리를 말해야 한다. 그리고 조만간 그것이 충돌을 가져올 것이다.

때로 그리스도인들이 '관계 전도'에 관하여 말할 때, 그들이 말하는 '친구를 사귄다'는 의미가 그들에게 복음에 관하여서는 아무 말도 하지 않는다는 것을 의미하는 것은 아닌지 염려스럽다. "믿음은 들음에서 나며 들음은 그리스도의 말씀으로 말미암았느니라"(롬 10:17)라는 말씀을 우리는 꼭 기억해야 한다. 어떻게든 다른 사람들과 친구가 되라. 사람들을 정중하게 대하라. 존경심을 가지고 대하라. 그들의 말을 들어주라. 그들이 관심을 갖는 주제를 가지고 대화하라. 관계를 발전시키라. 그러나 복음을 나누라. 그리고 복음의 핵심은 친구가 되는 것이 아니라는 것을 기억하라. 핵심은 그들이 그리스도와 친구가 되도록 하는 것이다.

복음 전도는 또한 사려 깊고 창조적이어야 한다. 비그리스도인들과 관계를 맺는 방법을 찾는 것은 쉬운 일이 아니다. 그러나 이것은 매우 가치 있는 일이다. 예를 들어, 나는 내 골프 취미를 복음 전도의 방법으로 이용하는 것을 좋아한다. 어느 날 나는 골프를 치러 나갔다. 그리고 나와 힘께 골프를 치는 믿지 않는 한 사람에게 직업이 무엇이냐고 물었다. 그도 마찬가지로 내 직업을 물어왔다. 그래서 나는 그에게 이렇게 말을 해 나갔다. "나는 굉장한 일을 해요. 우리 사장은 수시로 사람들을 고용합니다. 그리고 그분은 일단 고용하면 절대 해고하지 않지요. 내 직업은 매우 안정적이랍니다. 그리고 그 수당은 모두 이 세상 밖에 있어요." 그 남자는 나를 잠시 재밌게 쳐다보고는, 이렇게 말했다. "당신 목사님이죠?" 나는 내가 바란 대로 그를 난처하게 하지 않고 그에게 그리스도에 관하여 말할 수 있었다.

내가 로버트 리, 조지 워싱턴 카버, 테디 루즈벨트, 부커 워싱턴, 그리고 스톤월 잭슨 같은 크리스천 남성들의 삶을 연구하는 이유 중 한 가지는 그것이 쉽게 세상 사람들과 관계를 맺고 그들과 복음을 나눌 수 있는 방법이기 때문이다. 나는 정기적으로 이런 사람들에 관한 강연을 해 달라는 초청을 받는다. 어느 날 나는 리 가문의 가계에 관하여 강연을 해 달라는 요청을 받았다. 그곳에 모인 사람들은 대부분 모르몬교도들이었다. 질의응답 시간에, 누군가가 리의 '영적 삶'에 관하여 질문을 했다. 그리고 나는 그들에게 그가 그리스도에게 헌신했으며, 그것이 그의 삶에 변화를 주었다고 말할 수 있었다.

어떤 그리스도인이라도 믿지 않는 사람들과 공유하는 것이나, 그들이 관심을 가지고 있는 것을 가지고 있다. 만약 당신이 아직 그런 것을 가지고 있지 않다면, 하루에 20분만 들이면 문을 열고 복음 전도를 하러 갈 수 있는 한 주제에 관해 전문가가 될 것이다. 그것은 정원 가꾸기가 될 수도 있고, 테니스, 영화 등 너무나 많이 있다. 복음을 전달하는 창조적인 길을 찾으라.

복음 전도는 대화적이어야 한다. 최고의 개인적 의사소통은 상호적인 것이다. 그러므로 다른 사람들에게 질문을 하는 방법을 배우라. 전도폭발의 제안하는 질문을 통하여 당신은 어디에서 사람들이 영적인 사람이 되는지 알 수 있으며, 그들에게 자신의 믿음에 대하여 생각해 보도록 도전을 줄 수 있다. 당신은 이렇게 질문할 수 있다. "만약 오늘밤 당신이 죽는다면, 어디에 갈 것인지 아십니까?" 그리고 그들이 천국이라고 대답하면, 그 이유를 물으라. 또 하나의 좋은 질문은 "만약 당신이 오늘밤 죽어서 하나님 앞에 서게 된다면, 그리고 하나님께서 당신에게 '내가 왜 너를 나의 천국으로 들어오도록 허락했는지 너는 말할 수 있느냐'라고 물으신다면, 무엇이라고 대답하시겠습니까?" 이 두 가지 질문 모두 당신이 그들과 토론하고자 하는 문제의 핵심으로 유도할 수 있다. 우리가 하나님과 관계를 가질 수 있는 근거는 무엇일까? 전도폭발 같은 프로그램을 사용하게 되면 교인들이 전도에 대한 두려움을 극복하는 데 도움을 주게 되고, 그들이 '나갈 때' 사용할 수 있는 기본 도구 몇 가지를 준비시켜 준다.

마지막으로, 복음 전도는 다면적이어야 한다. 전도폭발이 좋기는 하지만, 당신은 다른 형식의 전도 방법도 가지고 있을 필요가 있다. 특별 행사, 복음을 나누는 기회를 포함하는 자선 사역, 성탄절이나 부활절에 교회에 오는 비그리스도인을 위한 계획, 그리고 앞에서 내가 언급했던 재즈 밴드 같은 음악 사역들이 가능한 몇 가지 예이다. 복음전도를 위한 당신의 투자가 다양할수록, 그것이 가져올 결실은 더욱 분명해질 것이다.

내향적 사역(사랑)

지상명령은 "제자를 삼고, 아버지와 아들과 성령의 이름으로 그들에게 세례를 주라"고 우리에게 말한다. 이것은 교회 밖에 있는 사람들에게 나아가야 한다고 하는 것일 뿐만 아니라 그들을 교회의 가족으로 끌어들이라는 것을 말하기도 한다. 이 과정은 끌어안기 또는 동화라고 부를 수 있다. 그리고 이것은 교회 재활성화의 본질적인 측면이다. 당신은 멋진 집회와 수도 없이 다양한 전도 사역들을 통하여 모든 종류의 관심을 끌 수 있다. 그러나 당신이 다가간 그 사람들이 교회로 오지 않는다면, 그 교회는 계속 죽어 갈 것이다. 그리고 나는 관계가 동화의 열쇠라고 제안한다. 제자훈련은 '정보를 전달해 주는 것' 일 뿐만 아니라 '관계적인 것' 이어야 한다.

개인적인 관찰을 통해 나는 새로운 성도들이나 교인들을 지역 교회 안으로 끌어안거나 동화시키기 위한 세 가지 열쇠가 있다고 확신하게 되었다. 첫째, 그들은 하나님의 말씀으로부터 그들의 삶에 도전을 주고 변화를 불러 올 무엇인가를 들어야 한다. 둘째, 그들은 자신들의 개인적인 소명과 열정에 적합한 자리나 사역을 교회 안에서 가져야 한다. 교회 안의 모든 사역은 새로운 구성원들이 자신들의 은사를 '시도해 보고' 자신들의 봉사 욕구를 '체험할' 수 있는 낮은 단계의 사역 입구가 있어야 한다. 셋째, 새로운 교인들은 교회 생활에 참여한 첫 여섯 달 안에 최소한 세 가지의 새로운 의미있는 관계를 발전시켜야 한다.

오순절 대 사건에서 3,000명이나 되는 사람들은 단지 회심을 했을 뿐만 아니라, 또한 세례를 받고 교회의 새로운 구성원들이 되었다는 사실에 주의하라(행 2:41). 이것이 오늘날 우리 교회에서도 일어나기를 바라는 것이다. 그러므로 만약 당신의 교회가 불씨를 살려 불길을 일으키려면, 당신은 회중 가운데서 양육, 책임, 격려, 그리고 친교의 동력들을 개발해야 할 것이다. 다시 말해, 당신은 교회 안에 공동체를 만들어야 한다. 그리고 이것을 위해 소그룹 사역보다 더 좋은 방법을 나는 아직 찾지 못했다.

왜 소그룹인가?

나는 제자훈련이 소그룹에서 가장 효과적이라고 확신하기 때문에 '소그룹 제자훈련'이라고 부른다. 주일에 설교를 하면서, 주일 학교에서 가르치면서, 그리고 '일대일'로 누군가를 만나면서, 일종의 제자훈련을 할 수 있다. 그러나 최고의 제자훈련은 소그룹 안에서 이루어진다고 나는 확신한다. 왜냐하면 이것이 바로 우리 주님이 그분의 교회를 세우실 때(그리고 재활성화하실 때) 취하셨던 일차적인 접근법이었기 때문이다. 우리는 복음서 안에서 예수님이 일대일로 제자훈련하신 것을 거의 보지 못한다. 그러나 우리는 예수님이 사람들의 작은 모임에서 많은 시간을 보내신 것은 자주 본다. 많은 무리들에게 둘러싸여 계셨을 때조차도 예수님은 종종 산상수훈의 경우에서와 같이(마 5:1, 2), 특별히 그의 제자들의 '작은 모임'에게 말씀하셨다.

사도들도 역시 일대일 사역에 초점을 맞추지 않았다. 그리고 이것은 바로 우리가 모임 안에서 가장 잘 배울 수 있기 때문이라고 나는 생각한다. 배움은 수직적일뿐만 아니라 수평적이다. 우리에게는 멘토가 필요할 뿐만 아니라, 동료, 곧 함께 배우는 사람이 필요하다. 학습의 자리에서도 교사 외의 사람들이 진리의 가치를 확증하는 데 도움을 줄 수 있다. 그리고 가르치는 내용 중 오류가 있으면 누군가가 의문을 제기하거나 부정하여, 잘못된 생각을 맹목적으로 받아들이지 않도록 한다. 내가 학생이었을 때 배움에 있어 최고의 경험 중 일부는 캠퍼스 안의 블링크라는 매점에서의 정기 토론회였다.

두 사람 이상의 모임에서 제자훈련자의 시간과 노력이 더욱 효과를 발휘한다는 것을 나는 제안하고 싶다. 누군가를 개별적으로 만나야 할 때도 많이 있다(일대일도 그럴 시기와 그럴 이유가 있다). 그러나 대부분의 경우에 한 사람 이상을 포함하는 것이 더욱 성경적 의미에 부합한다. 이것은 제자훈련 과정에서 '기하급수적 팽창'을 이룬다. 예를 들어, 내가 세 사람을 제자훈련하기 원한다면, 나는 그 세 사람을 개별적으로 만날 수 있다. 그러나 내가 그들을 함께 만난다면, 나는 동시에 세 사람을 가르칠 수 있다. 그리고 다른 그룹을 만날 시간을 벌게 된다. 내가 그 사람들을 모두 제자훈련하게 되면, 그들은 다른 사람들에게 이 과정을 반복할 것이고, 그러면 우리는 기하급수적인 팽창을 하게 된다.

소그룹 프로파일

소그룹 사역에 유용한 좋은 자료들이 많이 있다. 그리고 당신 자신을 계발하는 데 이것들을 활용하라고 제안한다.[56] 그러나 아래에서 나는 효과적인 소그룹의 본질적인 면이라고 확신하는 몇 가지를 개략적으로 말하고자 한다.

대화식 성경공부. 소그룹 안에서 가르치는 것이 설교의 연장선이 되어서는 안 될 것이다. 대화와 토론을 권장해야 한다. 이런 접근법이 소그룹에서는 더 효과적이기 때문이다. 소그룹 안에서 성경을 가르치는 것이 예배 시간에 가르치는 것과 그 방식은 다르겠지만, 가르침 자체는 여전히 변함이 없어야 할 것이다. 하나님의 말씀을 배우는 것이 모든 소그룹의 일차적 특징이 되어야 할 것이다. 그래야 우리는 소그룹들이 빠질 수 있는 몇 가지 위험을 제거할 수 있다. 많은 소그룹들이 구성원들에게 성경 지식을 제대로 가르치지 못하고 있다는 글이 《크리스처니티 투데이》에 실린 적이 있다. 많은 소그룹들이 교단 전통의 가치를 분명하게 제시하지 않고 있으며 다양한 기독교를 가려내는 분명한 신학적 주장들에 깊은 관심을 기울이지 않고 있다.[57] 이 글은 이렇게 이어진다.

"소그룹 운동이 20세기 말에 표면화된 세속화의 주류에 미국 종교를 적응시키고 있다는 주장은 과장이 아니다. 세속주의가 성도들의 영성을 떨어뜨린다고 생각한다면, 이것은 오해이다.
오히려 세속주의가 신성하고 거룩한 것을 더욱 편하고 가정적인 것으로 변형시킨다고 이해하는 것이 적합할 것이다. 세속적 관점에서 신적 존재는 우리에게 순종을 요구하고, 우리의 지식 수준을 뛰어넘는 힘을 가지고 있거나, 신비롭고, 또는 우리의 삶을 드려 섬기라고 요구하는 존재가 아니라, 마치 애완동물처럼 우리 자신의 만족을 위하여 존재한다. 사람들은 영적으로 길들여질 때, 세속 사회의 요구에 순응할 수 있다. 자신의 삶을 크게 바꾸지 않고도 일상의 일을 해 나갈 수 있다. 왜냐하면 이들도 여전히 영성에 관심을 가지고 있기 때문이다. 더욱 유능한 사람, 더욱 좋은 애인, 그리고 더욱 책임 있는 시민이 됨으로써 세속적 영성은 더 좋은 일에 쓰일 수도 있다. 바로 이것이 오늘날 많은 소그룹 안에서 길러지고 있는 영성이다."[58]

당신의 소그룹 안에서 이런 일이 일어나지 않도록, 하나님 말씀의 정확한 가르침이 언제나 소그룹의 중심이 되어야 할 것이다.

교제. 교회에 적응하기 위해 최소한 여섯 가지 의미 있는 관계가 필요하다는 공식이 사실이라면, 소그룹뿐만 아니라, 소그룹에 참여하는 사람들에게 친교를 권하고 제공하는 그룹도 필요할 것이다.

신약 성경에는 우리가 "서로"라고 부르는 것에 대한 명령이 참 많이 들어 있다. 이것들이 우리의 소그룹 안에서 친교를 계획하고 평가하는 데 도움을 줄 수 있다.

1. 서로 사랑하라(요 13:34, 15:12, 17; 롬 12:10, 13:8; 살전 3:12, 4:9; 살후 1:3; 벧전 1:22, 4:8; 요일 3:11, 23, 4:7, 11, 12; 요이 5).
2. 서로 화목하라(막 9:50; 살전 5:13).
3. 서로 존경하라(롬 12:10, 16; 엡5:21; 빌2:3; 벧전 5:5).
4. 서로 덕을 세우라(롬 14:19; 살전 5:11, 15).
5. 서로 용납하라(롬 15:5, 17).
6. 서로 훈계하라(롬 15:14).
7. 서로 기다리라(고전 11:33).
8. 서로 돌보라(고전 12:25).
9. 서로 섬기라(갈 5:13; 벧전 4:10).

10. 서로 인내하라(엡 4:2; 골 3:13).

11. 서로 인자하라(엡 4:32).

12. 서로 불쌍히 여기라(엡 4:32).

13. 서로 용서하라(엡 4:32; 골 3:13).

14. 서로 화답하라(엡 5:19; 골 3:16).

15. 서로 위로하라(살전 4:18).

16. 서로 격려하라(살전 5:11; 히 3:13. 10:24, 25).

17. 서로 죄를 고백하라(약 5:16).

18. 서로 기도하라(약 5:16).

19. 서로 대접하라(벧전 4:9).

20. 서로 문안하라(롬 16:16; 고전 16:20; 고후 13:12; 벧전 5:14).

소그룹 사역 없이 어떻게 이 모든 명령들이 교회 안에서 지켜질 수 있겠는가? 절대 그렇게 할 수 없을 것이며 그리고 그렇게 하지도 않을 것이다. 따라서 이 목록은 소그룹들 안에서 재활성화가 일나야 한다는 사실을 우리에게 다시 한 번 상기시킨다.

계획적인 사역. 당신이 이것에 계획적으로 헌신하지 않는다면 당신의 소그룹들은 복음 전도와 다른 사역들을 실천할 수 없을 것이다. 소그룹의 운동력은 언제나 제자훈련과 친교를 지향해야 한다. 이것이 바람직한 것이다. 그러나 만약 당신이 주의하지 않는다면, 내부지향적이고, 배타적이고, 그리고 자기중심적인 분위기가 만들어질 수 있다. 이것은 그 안에 있는 어느 누구에게도 바람직하지 않다. 소그룹을 위한 한 가지 좋은 지침은 이렇게 지적하고 있다.

"사람들이 소그룹에 무엇을 기여할 수 있는가가 아니라 거기에서 무엇을 얻을 수 있는가에 일차적인 목적을 가지고 소그룹 안에서 친교를 하는 한, 그 소그룹은 병약해지고 말 것이다. 우리가 우리 자신에게 가장 헌신하는 한, 그 소그룹에 대한 소속감은 극도로 약해질 것이다. 예수님은 '잃은 자를 찾아 구원하기' 위하여 오셨다. 그분의 삶에 활력을 준 활동은 그분 자신을 넘어선 필요를 찾는 것이었지 자기 자신을 돌보는 데 묶여있지 않았다.

그러므로 소그룹 안에서 선교의 출발점은 그 그룹의 다른 구성원들이다. 소그룹의 생명은 본질적으로 내가 아니라 우리라는 것을 기억할 때, 깊은 책임의식과 관계의식이 발전한다. 바로 이 타인 중심의 사고방식은 필연적으로 그룹 외부의 사람들의 필요로 옮겨진다. 한 그룹이 예수를 따른다면, 그들은 선교에 있어서 그분을 본받을 것이다. 그렇게 하지 않는다면 그들은 자라지 못하고, 정체되고, 생명을 잃을 것이다."[59]

가끔 나는 우리 교회의 소그룹에게 구원받지 않은 친구들을 〈Roast the Preacher〉의 밤[직역하면 '목사님 들볶는 밤' – 역주]에 초대하라고 권한다. 그리고 그날 나는 그 소그룹에 참석해 질문을 받아 모두 답해 준다. 어떤 그룹들은 성탄 뮤지컬에 친구들을 초대하는 계획을 세우고 간식 시간 뒤에 모임을 갖는 계획을 세운다. 또는 노숙자 쉼터, 양로원, 선교사 후원 같은 일들을 한다. 당신이 주님을 섬기는 무엇인가를 하고 있으며 그 그룹이 상하거나 자기중심적이 되지 않도록 일하고 있다면, 그것이 무슨 일인지는 그렇게 중요한 것이 아니다.

중보기도. 근래 들어 교회들이 수요 기도회와 기타 다른 기도회들을 소홀히 하는 경향이 적지 않다. 성경은 우리가 반드시 기도만을 위한 모임을 가져야 한다고는 말하지 않는다. 그러나 성경은 우리에게 아주 분명하게 반드시 함께, 정기적으로, 그리고 지속적으로 기도를 해야 한다고 말하고 있다.

그리고 소그룹은 바로 그런 기도를 할 수 있는 이상적인 장소이다. 달리 말해, 당신 교회에 정기적인 회중 기도회가 없다면, 소그룹 안에서 기도를 중요한 강조점으로 만드는 것이 좋다. 그렇게 하지 않으면 기도 없는 교회가 되고 말 것이며 당신은 결코 불길을 일으키지 못할 것이다.

하향적 사역(배움)

지상명령의 마지막 부분에서, 예수님은 "내가 너희에게 분부한 모든 것을 가르쳐 지키게 하라"(마 28:20)고 우리에게 말씀하신다. 우리는 예배로써 위를 향하고, 복음 전도로써 밖으로 향한다. 그리고 친교로써 안으로 향한다. 그러나 우리는 또한 지도자들로부터 구성원들에게로 지속적으로 흐르는 분명한 가르침을 가지고 반드시 아래로 향해야 한다. 그리고 지상명령 그 자체가 예수님이 말씀하고 계시는 '명령들'이며, 따라서 우리의 가르침은 구성원들을 준비시켜 사역을 하도록 영향을 주어야 한다는 것을 기억해야 한다(엡 4:11, 12).

우리는 이미 가르침의 중요성과 가르침의 종류에 관하여 논의했다(제5장 참고). 따라서 여기서 나는 예수님이 "그들에게 가르쳐 지키게 하라"고 말씀하셨다는 사실에 초점을 맞추고자 한다. 우리 훈련의 목표는 단지 사실을 전하는 것이 아니라, 사람들이 주님의 명령에 충성스럽고 엄격하게 순종하도록 하는 것이어야 한다.

자기 훈련의 필요성

훈련된 교회가 아니면 훈련하는 교회가 될 수 없다는 것은 단순한 말장난이 아니다. 한 교회가 다른 교회에게 자신이 가지고 있지 않은 것을 줄 수는 없다. 교회 안의 성도들 역시 자신이 훈련을 받지 않았다면 다른 사람들을 믿음 안에서 훈련할 수 없을 것이다. 그러나 반대로, 만약 그들이 하나님과 확고하게 함께 걷고 있다면 그들은 주님을 위하여 산을 옮길 만한 힘을 사용할 수 있을 것이다.

예루살렘교회는 효과적으로 훈련하는 교회였다. 사실, 이 교회는 신약성경에서 최초의 진원지 사역을 시작했다. 그러나 그 모든 것이 어디에서 출발했는지 주의하여 보라. 사도행전 2장 42절은 이렇게 말한다. "저희가 사도의 가르침을 받아 서로 교제하며 떡을 떼며 기도하기를 전혀 힘쓰니라." 그들은 헌신했으며, 훈련되었으며, 그리고 특별한 우선순위와 개인적인 경건의 습관을 계획적으로 쌓는 데 헌신했다.

이것이 하나님의 은혜에의 의존이라는 성경적인 생각과 모순되는 것으로 보일지도 모르겠지만, 그렇지 않다. 사실 자기 훈련을 배제하고 "하나님께 맡기고 가자"고 강조한다면, 그리스도인의 성장에 관해 심각한 오류를 범하고 있는 것이다.

우리가 이해해야 하고, 다른 사람들에게 가르쳐야 하는 것에 대해 제리 브리지스(Jerry Bridges)는 "은혜의 훈련"이라고 하고, 이것을 『날마다 자신에게 복음을 전하라』(The Discipline of Grace)라는 책에서 말한 바 있다.

> "3만 5,000피트 상공을 날고 있는 제트 여객기에 당신이 앉아 있다고 생각해 보라. (이런 일이 실제로는 일어날 수 없다는 것을 알지만) 조종사가 방송을 통해 '승객 여러분, 문제가 발생했습니다. 한쪽 날개가 떨어져 나갈 것 같

습니다' 라고 말한다고 상상해 보자. 어느 쪽 날개가 떨어져 나가는 것이 더 나을까, 오른쪽? 왼쪽? 이런 멍청한 질문이 어디 있겠는가? 어떤 비행기도 한쪽 날개만으로는 날 수 없다. 절대적으로 양 날개 모두가 필요하다.

당신이 위에서 그 비행기를 내려다보고 있다고 상상해 보라. 당신은 동체와 양 날개 그리고 꼬리 부분을 보게 될 것이다. 왼쪽 날개에는 의존(dependence)이라는 말이, 오른쪽 날개에는 훈련(discipline)이라는 말이 보인다. 이 비행기는 그리스도인의 삶의 가장 중요한 원리 가운데 하나를 보여 주고 있다. 비행기가 날려면 반드시 두 날개가 있어야 하는 것처럼, 거룩함을 추구하는 데 있어서 우리는 반드시 훈련과 의존 둘 다 실천해야 한다. 비행기가 한쪽 날개만으로 나는 것이 불가능한 것과 마찬가지로, 훈련이나 의존 둘 가운데 어느 하나만으로 영적으로 성장하는 것은 불가능하다. 우리에게는 두 가지 모두 절대적으로 필요하다.

이 비행기 비유의 핵심은 우리 자신의 힘과 의지만으로 우리의 책임을 수행하려고 해서는 안 된다는 것이다. 우리는 우리에게 능력을 주시는 성령께 의존해야 한다. 동시에 우리는 의존하고 있다는 이유 때문에 우리에게는 책임이 없다고 생각해서도 안 된다. 하나님은 우리에게 일할 수 있는 능력을 주셨다. 그러나 하나님은 우리를 위하여 그렇게 하신 것이 아니다."[60]

동일한 지적을 한 번 더 한다면, 그리스도인의 삶은 100% 은혜에 의존하며 100% 은혜에 의해 훈련된다. 50% 의지하고 50% 훈련해야 하는 것이 아니다. 그렇게 하면 둘 다 부족하기 때문이다. 둘 다 100% 필요하다는 말이 비논리적으로 들릴 것이다. 그러나 이것은 마치 예수님이 100% 하나님이시고 100% 사람이시라는 사실과 마찬가지로 초자연적인 것이다. 우리가 예수님은 완전히 하나님도 완전히 사람도 아니라고 생각해서는 안 되는 것과 마찬가지로, 우리는 언제나 하나님께 의지해야 하고 동시에 하나님의 영광을 위하여 하나님의 은혜에 의하여 훈련을 받아야 한다.

디도서 2장 11~14절은 이렇게 말하고 있다.

"모든 사람에게 구원을 주시는 하나님의 은혜가 나타나 우리를 양육하시되 경건치 않은 것과 이 세상 정욕을 다 버리고 근심함과 의로움과 경건함으로 이 세상에 살고 복스러운 소망과 우리의 크신 하나님 구주 예수 그리스도의 영광이 나타나심을 기다리게 하셨으니 그가 우리를 대신하여 자신을 주심은 모든 불법에서 우리를 구속하시고 우리를 깨끗하게 하사 선한 일에 열심하는 친 백성이 되게 하려 하심이니라."

하나님의 은혜는 우리에게 세 가지를 가져다 준다는 것에 주목하라. 구원(과거의 은혜), 경건하지 않은 것과 세상의 욕망을 거부할 수 있는 훈련(현재의 은혜), 그리고 복스러운 소망(미래의 은혜)이다.

하나님의 은혜가 우리의 삶에 성령의 역사를 가져올 때, 우리는 '성령의 열매'를 맺게 된다. 사랑, 희락, 화평, 오래 참음, 자비, 양선, 충성, 온유, 그리고 끝으로, 가장 마지막에 나왔다고 가장 가치가 떨어지는 것이 분명히 아닌, 절제가 그것이다.

그러므로 우리는 자기 훈련을 통하여 성령이 일하시는 것을 보게 된다.

교회 훈련의 필요성

당신 교회가 훈련받고 그 교회가 훈련하는 교회가 된다면, 당신은 또한 교회 훈련을 가르치고 실천해야 할 것이다. 사실, 이런 점에서 당신이 당신 자신을 맡겨 하나님께 순종하지 않는다면 하나님은 당신 교회에 재활성화의 복을 주지 않으실 것이다. 바울이 고린도교회에 전한 교훈에서 이 점이 아주 분명하게 지적되고 있다. 고린도전서 5장에서 바울은 한 남자가 성적인 죄에 빠져 있는 상황을 말하면서 그 교회에게 "너희들 가운데서 그 사악한 남자를 제하라"(13절)고 말한다. 그리고 고린도후서 2장 9절에서 바울은 동일한 상황을 지적하면서 이렇게 말한다. "너희가 범사에 순종하는지 그 증거를 알고자 하여 내가 이것을 너희에게 썼노라."

교회가 몇 가지에 순종하는 것은 쉽지만, 모든 것에 순종하는 것은 어렵다. 특히 교회 훈련은 매우 어려운 일이다. 그러나 예수님이 우리에게 가르쳐 지키게 하라고 하신 것은 그분의 '명령' 가운데 하나이다. 마태복음 18장 15~17절에서 우리 주님은 친히 이렇게 말씀하셨다.

> "네 형제가 죄를 범하거든 가서 너와 그 사람과만 상대하여 권고하라 만일 들으면 네가 네 형제를 얻은 것이요 만일 듣지 않거든 한두 사람을 데리고 가서 두세 증인의 입으로 말마다 증참케 하라 만일 그들의 말도 듣지 않거든 교회에 말하고 교회의 말도 듣지 않거든 이방인과 세리와 같이 여기라."[61]

이 구절의 원리들이 교회 안에서 가르쳐지고 실천될 때, 훈련과 제자의 삶은 우리 가운데서 더욱 더 풍성해질 것이다. 그러나 이것들이 무시된다면, 우리는 주님의 징계를 경험하게 될 것이다(고전 11:31, 32; 계 2:14~17).

그러므로 지상명령은 예배, 복음 전도, 교제, 그리고 훈련의 사역들을 모두 포함해야 한다. 교회 재활성화를 위한 이 멋진 계획을 요약하는 다른 방법은 예수님께서 우리의 교회가 W.E.L.L.[건강하게-역주]이 되기를 원하신다고 말하는 것이다. 이것은 그레그 로리(Greg Laurie)가 그의 책 『The Upside Down Church』(뒤집어진 교회)[62]에서 쓴 약자로, 그리스도가 우리를 부르시어 하신 마지막 말씀은 예배하고, 복음을 전하고, 사랑하고, 배우라는 것이라는 뜻이다(Worship, to Evangelize, to Love, and to Learn).

이것들을 실천하는 그리스도인은 영적으로 건강하다. 그리고 영적으로 건강한 그리스도인이 건강한 교회를 만든다. 건강한 교회는 생명으로 충만할 것이며, 건강한 교회는 하나님의 영광을 위하여 성장할 것이다.

맺는 글

이제 우리가 할 일은 무엇인가?

그리스도의 인격과 사역에 관한 사도행전 2장의 베드로의 설교가 끝나자, 사람들은 이런 질문으로 반응했다. "우리가 어찌할꼬?"(37절) 아마도 이 책을 다 읽고 난 당신도 비슷한 질문을 마음에 가지고 있을 것이다. 당신의 교회가 불씨를 살려 불길을 일으키는 것을 바란다면, 당신은 어디에서 시작해야 하고 그리고 어떻게 해야 하는지에 관한 실제적인 조언을 듣고 싶어할 것이다. 그 좋은 출발점으로 세 가지 기본 단계를 제안하고자 한다.

첫째, 교회 성장이 아니라 교회의 건강과 활력이 근본 문제라는 원리에 충실해야 한다. 지역 교회는 그리스도의 몸의 발현이다. 건강한 몸이면 성장할 것이다. 그러면 영적 활력이란 무엇일까? 이것이 어떻게 통계적 성장이라는 정상적인 기대와 기능적 실효성을 이끌게 되는가?

요한계시록 2장 4, 5절에서 찾을 수 있는 패러다임에 충실할 때 이것이 이루어진다. 여기서 예수님은 친히 에베소교회에게 기억하고, 회개하고, 그리고 "처음 행위"를 회복하라고 말씀하신다. 그분은 건강과 성장을 북돋기 위하여 새롭고 독창적인 것을 찾으라고 말씀하지 않으신다. 그분은 하나님께서 친히 주신 하나님의 말씀 안에 담겨 있는 기본으로 돌아가라고 말씀하신다.

교회 사역의 기본 요소를 실행하기 위해서는 모종의 과정이 필요한데, 당신과 당신 교회의 지도자들은 이것에 충실해야 한다. 이 과정은 우리가 이 책에서 다룬 문제들을 하나하나 밝히면서 진행될 것이다. 이 문제들은 우리 교회가 재활성화가 필요한 교회들을 섬기는 〈다시 불길로 타오르게 하라〉 교회 재활성화 컨퍼런스(한국: 국제제자훈련원)와 〈Fanning the Flame〉(불길 지피기) 프로그램에서 이야기하고 있는 10가지 전략들로 요약될 수 있다. 이 10가지 전략 모두는 이 책에서 이미 이런저런 방식으로 언급된 것들이다. 따라서 당신이 이미 배운 것의 기억을 되살려보는 기회가 될 것이다. 그렇지만 그 순서에는 차이가 있다. 당신은 이것들을 당신의 교회를 평가할 때 체크리스트로, 그리고 다른 지도자들과 함께 토론을 시작할 때 아우트라인으로 사용할 수 있을 것이다.

전략 #1 과거와 연계하라

교회를 과거의 활기와 연결하라. 이스라엘이 하나님이 하신 일을 다음 세대에게 가르치기 위하여 돌비를 세운 것처럼, 하나님이 하신 일에 대한 찬양과 예배와 더불어 이것을 하라. 과거의 승리들을 기념하라. 주님이 축복하는 원리들을 점검하고 확인하라. 그리고 하나님은 어제와 오늘 그리고 영원히 동일한 분이시라는 것을 기억하면서 어떻게 이것들을 현재에 적용할 수 있을지 숙고하라. 이렇게 하는 목적은 과거에 사는 것이 아니라 과거로부터 배우고, 미래를 변화시키기 위하여 현재에 사는 교회가 되기 위함이다.

전략 #2 회개를 촉구하라

은혜의 복음이 강단에 선포되는 교회는 기꺼이 공동의 그리고 개인의 죄를 고백하게 된다. 재활성화가 필요한 교회는 회개가 필요한 교회일 것이다. 아간의 시대(수 7)처럼, "장막 안에" 있는 모든 죄가 죄 고백과 회개와 함께 뿌리 뽑혀야 한다. 그 죄가 무엇이든, 지도자들은 개인적이며 동시에 공동으로 회개하도록 교회를 지도해야 한다.

전략 #3 복음 중심, 그리스도 중심

강단으로부터의 말씀 사역, 교육, 소그룹, 제자훈련, 기타 모든 사역들은 복음에 의해 이루어져야 한다. 교회는 언제나 성경을 묵상하고, 그리스도가 찬양을 받고 드러나는 일에 충실해야 한다. 우리는 예수 그리스도의 인격과 사역 안에 드러난 하나님의 영광을, 자신을 드려 우리에게 주신 은혜와 더불어 선언하면서 그리스도가 우리의 창조자이시며 구속자이시며 지탱하게 하시는 이심을 설명해야 한다. 복음이 주도하는 교회는 반드시 그리스도 중심적인 교회이다. 복음의 핵심이 바로 그리스도, 십자가에 못 박히신 그분이기 때문이다(고전 2:2).

전략 #4 개인과 가정의 영성 훈련

재활성화되기 위하여 교회에는 건강한 지도자가 필요하다. 그리고 이들이 건강한 그리스도인들과 건강한 그리스도인 가정들을 생산해야 한다. W.E.L.L. 지도자들이 있는 교회는 건강하게 훈련받고 건강하게 양육될 것이다(well led and well fed). 제자훈련 사역은 개인적이고 공적인 은혜가 전해지는, 개인적이고 영적인 성장의 장이 되어야 한다. 그래서 성령과 하나님의 말씀이 그들로 하여금 그리스도 예수의 은혜와 지식 안에서 성장할 수 있도록 해야 한다. 물론 예수님이 친히 이러한 영적 성장의 모델이 되어 주셨다. 누가복음 2장 52절은 예수님이 지혜가 자라고(지적 훈련), 키가 자라고(육체적 훈련), 하나님께 사랑을 받고(영적 훈련), 그리고 사람에게 사랑을 받았다(관계 훈련)고 말하고 있다.

전략 #5 기도와 말씀 사역 우선

예루살렘에 있던 그 활력 넘치는 교회는 기도 가운데 잉태되었고 설교 가운데 태어났다(행 2). 교인들이 그들의 지도자들을 위하여 기도해야 할 뿐 아니라 지도자들이 회중을 위하여 하는 중보기도의 계획도 수립되어야 한다. 그리스도를 위하여 사는 교회라면 강단의 말씀 사역을 최우선순위에 두어야 한다. 말씀 사역의 변함 없는 답은 언제나 그리스도와 은혜의 복음이라는 사실을 잊지 않아야 하며, 성경에 충실하며, 동시대를 살고 있는 사람들의 필요에 적용할 수 있어야 한다.

전략 #6 사명 지향적, 비전 동기화

하나님이 당신 교회를 두신 바로 그 상황에서, 부르시어 어떻게 되라고 하셨으며, 무엇을 하라고 하셨는지 이해해야 한다. 목회자로부터 비롯되고 여러 지도자들이 함께 구성한 사명선언문과 분명하게 짜여진 비전이 하나님의 재활성화의 사역이 이루어지는 기초가 될 것이다.

전략 #7 소그룹을 통한 제자훈련

소그룹 사역은 괜찮은 아이디어나 사회적 고안물, 또는 심리학적 방법론이 아니다. 이것은 제자훈련을 풍성하게 하는 성경적인 시스템이다. 대형 집회도 제자훈련의 과정에 속하지만, 제자훈련은 예배 시간과 같은 대형 집회 안에서 일차적으로 이루어지지 않는다. 그리고 일대일 제자훈련은 특별한 때(죽음)나 특별한 목적(특별한 교리 문제)에 유용하다. 제자훈련의 핵심 분만 시스템은 소그룹이다.

전략 #8 섬기는 리더십 배가

재활성화 사역은, 하나님이 비전을 주신 한 사람이 없다면 시작될 수 없다. 그러나 이것은 또한 이 사역을 수행하고 이 비전을 실행할 다른 신실한 지도자들이 육성되지 않는다면 지속될 수 없다. 좋은 리더십이든 나쁜 리더십이든 리더십에 의해 조직은 돌아가기 마련이다. 그러므로 하나님은 당신 교회가 불씨를 살려 불길을 일으키도록 좋은 리더십을 통하여 일하실 것이다.

전략 #9 선교와 세계 복음화

교회가 밖으로 향하고자 할 때, 사역 반경 내의 사람들에게 다가가고자 진력할 때, 선교와 세계 복음화는 바로 그 교회의 뒷마당에서 출발한다. 그러나 이 지역 복음화는 다른 지역에서 추수하는 일꾼들을 지원하고 파송하는 것을 강조함으로써 더욱 동기가 부여되고 강화된다.

전략 #10 지상명령에 헌신

교회 재활성화를 위한 일체의 전략들은 예수님이 제자들에게 하신 마지막 말씀에 들어 있다. 그리고 이 지상명령은 영적인 체온을 재는 온도계이며, 우리가 영적으로 뜨거운지 찬지 미지근한지를 알려 준다. 건강한 교회는 열심을 다하여 위를 향하고(예배), 밖을 향하고(복음 전도), 안을 향하고(교제), 그리고 아래를 향한다(훈련).

하나님은 그분의 일을 그분의 방식으로 행하는 교회에 복을 주신다고 나는 확신한다. 쇠퇴와 실패의 '잿더미에서 일어나야 하는' 교회라도, 교회의 재활성화에 대한 소망은 존재한다. 성장을 넘어서는 건강의 원리에, 기억하고 회개하고 회복하라는 패러다임에, 그리고 10가지 성경적 전략들의 과정에 최선을 다하면, 꺼져 가는 당신 교회의 불씨는 하나님의 영광과 하나님의 사람의 유익을 위한, 살아 있는 불길로 활활 타오르게 될 것이다.

주

1) 칼 조지, 성공하는 미래교회 메타교회, 요단.

2) 원 안, 교회 성장 핸드북, 요단.

3) 상게서.

4) Lyle E. Schaller, *Create Your Own Future*, (Nashville: Abingdon Press, 1991).

5) C. Kirk Hadaway, *Church Growth Principle*, (Nashville: Broadman Press, 1991).

6) Don McNair, *The Birth, Care, and Feeding of the Local Church*, (Lookout Mountain, Tennessee: Perspective Press, 1971).

7) 디모데전서는 쇠퇴하고 있는 교회를 위해 쓰인 편지이므로, 교회 재활성화 프로젝트에 참여하는 목회자들에게는 매우 중요한 성경이다.

8) 매튜 헨리, 매튜 헨리 성경주석 시리즈(6권), 기독교문사.

9) 나는 이것이 혼합 예배 양식의 좋은 사례라고 생각한다. 왜냐하면 우리가 예배를 드릴 때, 사람들에게 즐거움을 주기 위해서가 아니라 하나님의 본질을 드러내기 위해 노력해야 하기 때문이다. 시편 96편이 말하고 있듯이, 우리가 예배를 드릴 때에는 그리스도인과 비그리스도인이 똑같이 하나님의 성품을 발견할 수 있어야 한다. 시편 96편은 안식일 시편으로, 공동 예배를 하나님이 얼마나 기뻐하시는지 이야기하고 있다. "그 영광을 열방 중에 선포할지어다"(3절)와 "아름답고 거룩한 것으로 여호와께 경배할지어다"(8절)가 얼마나 자주 반복되고 있는지 주목하라.

10) C. John Miller, *Repentance and 20th Century Man*, (Christian Literature Crusade, 1975), pp.31, 32.

11) 상게서, p.90.

12) 이 책은 미국 Baker Book House(Grand Rapids, Michigan)에서 1991년에 출판했다.

13) 한번은 고민에 빠진 목회자 한 사람을 상담한 적이 있다. 이 목회자의 교회는 교인 수가 250명에서

150명으로 떨어진 상태였다. 그런데 이야기를 듣고 보니 이 목회자는 석탄 광산촌에서 목회를 하고 있었으며, 당시 많은 주민들이 실직하고 불경기 동안 이 지역을 떠났던 것이다. 당시 그 교회에 남아 있던 150명은 사실상 그 지역 전체 인구 대비 교인 수로는, 인구가 줄기 전의 250명보다 더 많은 수였다. 그래서 나는 그에게 사실은 그가 그 지역사회에서 아주 많은 사람들을 돌보고 있는 것이라고 말했다. 덧붙여 나는 그가 아주 어려운 환경 가운데 남아 있는 사람들을 목양하고 있다며 격려해 주었다. 힘을 얻은 그는 비교적 적은 숫자의 교회이지만 성공적인 목회를 할 수 있었다.

14) 이것은 구원하는 믿음(saving faith)에 대한 고전적인 서술로, 라틴어 단어들을 사용해 기술되어 있다. 앎(Notitia)은 그리스도가 누구이며 그분이 우리를 위하여 하신 일이 무엇인지를 우리가 알아야 한다는 의미이다. 확신(Assensus)은 우리가 죄인이며 그리스도가 필요함에 대한 확신을 가지고 있어야 한다는 의미이다. 그리고 신뢰(Volitia)는 그리스도의 돌보심에 우리 자신을 맡겨야 한다는 의미이다. 더 자세한 설명은 루이스 벌코프(Louis Berkhof)의 『벌코프 조직신학』을 참고하라.

15) 이에 대해 더 알고 싶다면, 존 파이퍼(John Piper)의 『은혜, 구원을 딛고 삶 속으로』(좋은씨앗 역간)를 참고하라.

16) Bryan Chapell, *Christ-Centered Preaching*, (Baker Books, 1994).

17) 제리 브릿지스, 날마다 자신에게 복음을 전하라, 네비게이토.

18) 이러한 균형의 개념을 '양자 됨'(Sonship)의 교리를 통해 설명할 수 있을 것이다. 우리를 양자 삼으신 것은 하나님이 우리를 무조건 사랑하신다는 의미이다. 우리가 죄인임에도 하나님은 우리를 그의 가족으로 삼으셨다. 그리고 하나님은 우리가 얼마나 잘하는지와 상관없이, 언제나 우리의 사랑하는 아버지가 되신다. 그러나 또한 하나님은 양자의 교회를 사랑하시기 때문에, 우리가 더욱 그리스도를 닮아 갈 수 있도록 사랑으로 우리를 훈계하실 수 있다(히 12:5~11). 우리가 그리스도 안에서 양자 됨을 가르칠 때, 이 두 가지 진리 모두를 강조하는 것이 중요하다.

19) 브루스 윌킨슨(Bruce Wilkinson)의 『야베스의 기도』에 대한 비평서로는 스티브 홉킨스(Steve Hopkins)의 『*The Cult of Jabez*』(Bethel Press, 2002), 개리 길리(Gary Gilley)의 『*I Just Wanted More Land*』(Xulon Press, 2001), 그리고 『야베스의 기도』를 패러디한 더글러스 존스(Douglas Jones)의 『*The Mantra of Jabez*』(Canon Press, 2001) 등이 있다. 내 견해로는 이 비평서들 모두 중대한 약점들을 가지고 있다. 특히 홉킨스는 금욕적인 삶의 양식을 강조함으로써 극단으로 치닫는 경향을 보이고 있다. 또한 길리는 현대 사회에는 야베스의 기도를 적용하기 힘들다는 뜻을 비추기도 한다. 그리고 존스는 이 문제에 대해 조명하기보다는 윌킨슨을 조롱하는 데 너무 치중하고 있다. 나는 이 장에서 내가 언급한 짧은 비평이 이러한 논의에 도움이 되길 바란다.

20) 브루스 윌킨슨, 야베스의 기도, 디모데.

21) 상게서.

22) '명예로운'이라는 뜻을 가진 히브리어 'kahved'는 '존귀한'이라는 뜻으로도 번역할 수 있다(구약 성경에서는 대부분 이 의미로 사용된다). 그러나 성경은 일관되게 야베스가 하나님 앞에서 명예로운 사람이었기 때문에, 하나님에 의해 존귀하게 되었다고 설명하고 있다. 이와 유사한 형식이 사무엘상 9장 6절에도 나타난다. 여기서 사무엘은 하나님의 사람이었기 때문에 존중히 여김을 받았다.

23) 윌킨슨은 책의 말미로 가면서 앞서 제기한 주장에 대해 오류를 범하는 듯한 구절을 인용한다. "여호와의 눈은 온 땅을 두루 감찰하사 전심으로 자기에게 향하는 자를 위하여 능력을 베푸시나니"(대하 16:9). 사실 하나님이 보시기에는 특정한 기도가 아니라 마음의 성실함이 '성공의 열쇠'일 것이다.

24) 더글러스 존스는 패러디인 『The Mantra of Jabez』(야베스의 주문)에서 이렇게 말한다. "나는 허리를 굽혀 성경책을 들여다보았다. 그리고 그 기도를 읽고 읽고 또 읽으면서, 존귀한 열 명이 없는 이 세대에 대해 하나님이 계획하신 미래를 이기적인 마음으로 찾아보았다."

25) Gary Gilley, I Just Wanted More Land-Jabez, (Xulon Press, 2001).

26) 개리 길리는 이렇게 말한다. "우리는 이 책을 통해 우리의 이기심을 성화(sanctification)시킨다. 물론 이것은 『야베스의 기도』의 매력 중 하나일 것이다. 윌킨슨의 신학은, 그는 부인하고 있지만 분명히 성경적이라기보다는 기복적인 복음에 훨씬 가깝다. 기복적인 복음은 우리가 특정한 상황에 처해 있을 때 기적을 쉽게 약속한다. 이것은 성경적이지 않다. 그리고 그는 하나님이 구해 주실 것이라는 증거를 성경이 아니라 다른 증명서들에 기초한다. 윌킨슨은 기복신앙적인 서적에서 한 페이지 전체를 인용하고 있으며, 어쩌면 한번도 이런 신학에 대해 들어 보지 못했을 그리스도인들에게 이것을 아주 성공적으로 가르치고 있다"(『I Just Wanted More Land』에서).

27) 윌킨슨은 『야베스의 기도』에서 예화를 하나 소개하고 있다. 존스 씨는 천국에 가서 하얀 상자 하나를 보게 된다. 그 안에는 그가 지상에 있을 때 하나님께서 그에게 주고 싶어 하셨던 모든 축복이 들어 있다. 그러나 존스 씨는 그것들을 한번도 구하지 않았다. 그는 이렇게 말한다. "간단하고 믿음이 있는 기도를 통하여 당신은 당신의 미래를 바꿀 수 있다. 당신은 지금부터 1분 뒤에 일어날 일을 바꿀 수 있다." 그는 천국에서 하나님이 "나는 너에게 이것들을 주고 싶었고, 그리고 너를 통하여 이 일들을 이루려고 거듭 시도했단다. 그렇지만 너는 내게 이것들을 구하지 않더구나"라고 말씀하실 것이라고 말한다. 그는 다음에 우리가 하는 것이 "하나님은 자신의 능력을 당신을 위하여 풀어놓을 것이다"라고, 마치 하나님의 능력이 우리의 선택에 달려 있다는 듯이 말한다. 마치 하나님의 절대적 주권을 인정하지 않는 듯한 표현이다. 아니면 최소한 그는 이것이 우리의 기도와 밀접하게 연결되어 있다는 것을 간과한 것 같다. 이 둘의 연결에 관해 더글러스 켈리(Douglas Kelly)의 『If God Already Knows, Why Pray』(하나님이 다 아시는데, 왜 기도해야 할까?)를 참고하라.

28) 성경 본문에서는 야베스의 아버지의 이름이 거론되지 않고 있지만 몇 가지 정황으로 보아 야베스가 아스훌의 아들이었을 것이라는 설이 가장 가능성이 있다. 역대상 2장 24절에서는 아스훌의 아버지가 헤스론이라고 말하고 있으며, 2장 9~15절을 보면 헤스론은 암미나답을 낳은 람의 아버지이기도 했다. 람의 아들 암미나답은 나손을 낳았고, 나손은 살마를 낳았고, 살마는 보아스를 낳았고, 보아스는 오벳을 낳았고, 오벳은 이새를 낳았고, 이새는 다윗을 낳았다. 야베스가 암미나답의 이복형제였으므로, 그는 다윗보다 다섯 세대 앞서 사사 시대에 살았음을 알 수 있다.

29) 브루스 윌킨슨, 전계서.

30) 이는 물론 이들의 기도가 성령의 감동으로 된 성경에 기록되어 있기 때문이다. 그러나 또한 이 기도가 쓰인 후에 드려졌을 가능성이 크다는 사실도 매우 흥미롭다. 24절은 "그들이 한마음으로 소리를 높였다"라고 말한다. 이것은 한 사람이 기도하고, 다른 사람들은 마음속으로 이 기도에 동참했음을 의미하는 것일 수도 있으나, 아마도 이 기도는 모두가 함께 암송하는 형태로 드려졌을 것이다.

31) James Boice, Acts: An Expositional Commentary, (Grand Rapids: Baker Books, 1997).

32) I. Howard Marshall, The Acts of the Apostle, (Grand Rapids: Eerdmans, 1980).

33) 존 스토트, 사도행전 강해: 땅 끝까지 이르러, IVP.

34) Douglas Kelly, If God Already Knows, Why Pray, (Scotland: Christian Focus Publications, 1995).

35) Robert L. Dabney, *Sacred Rhetoric*, (reprint, Edinburgh: Banner of Truth, 1979).

36) 존 맥아더, 강해설교의 재발견, 생명의말씀사.

37) William Hendricks, *Exit Interview*, (Chicago: Moody Press, 1993).

38) G. A. 프리챠드, 윌로우크릭 구도자 예배, 서로사랑.

39) 존 칼빈, 존 칼빈 성경주석-디모데후서 I, 성서원.
칼뱅은 또한 이런 생각들을 덧붙인다. "그러나 여기에서 반대 의견이 제기될 수 있다. 바울이 말하는 성경은 구약 성경인데, 어떻게 그는 이것이 사람을 전적으로 완전하게 만든다고 말할 수 있는가? 그렇다면, 사도들에 의해 나중에 첨가된 신약 성경은 불필요한 것이 아니겠는가?' 나는 답변한다. 그 본질에 관한 한, 아무것도 첨가되지 않았다. 사도들의 글은 율법과 선지자들에 대한 간단하고 자연스러운 설명 이상 아무것도 새로운 것을 첨가하지 않았다. 그러므로 이 주장은 전혀 잘못된 것이 아니다."

40) John R. W. Stott, *The Preacher's Portrait*, (Grand Rapids: Eerdmans, 1961).

41) 스티븐 코비, 소중한 것을 먼저 하라, 김영사.

42) 노엘 티시, 리더십 엔진, 21세기북스.

43) John Perry, *Unshakable Faith: Booker T. Washington & George Washington Carver*, (Sister, Oregon: Multnomah Publishing, 1999).

44) *Robert E. Lee Reader*, by Stanley F. Horn, (New York: Grosset and Dunlap, 1949).

45) Charles Bracelen Flood, *Lee: The Last Years*, (Boston: Houghton Miffin Company, 1981).

46) Adapted from James I. Robertson Jr., *Stonewall Jackson*, (New York: McMillan Publishing).

47) *The Robert E. Lee Reader*.
전체 편지는 *The Lee Girls*, by Mary P. Coulling, (John F. Blair Publishing, 1987).

48) Joshua Lawrence Chamberlain, *The Passing of the Armies*, editor Paul Andrew Hutton, (New York: Bantam Books, 1992).

49) 사명선언문의 또 하나의 좋은 예로 캘리포니아 소노마의 페이스장로교회의 사명선언문을 들 수 있다. 이 책의 영문판을 편집한 데이브 스워블리(Dave Swavely)가 이 교회의 목회자이다. 페이스장로교회의 사명선언문은 다음과 같다.
"페이스장로교회는 하나님의 말씀을 가르침으로, 그리고 신령과 진정으로 하나님께 예배 드림으로 하나님께 영광을 돌리기 위해 존재한다. 따라서 우리로 인해 와인컨트리와 전 세계에 있는 많은 남성, 여성, 그리고 어린이들이 성령의 권능에 의해 예수 그리스도와의 긴밀한 관계를 맺게 될 것이다."

50) 교화의 우선순위에 관한 논의는 뒤에서 계속된다.

51) Charles Haddon Spurgeon & Tom Carter, *Spurgeon At His Best*, (Baker Book House, 1988).

52) Bryan Chapell, *Christ-Centered Preaching*, (Baker Book House, 1994).

53) W.E.L.L.에 관한 설명은 다음 장을 참고하라.

54) Calvin Johansson, *Discipling Music Ministry*, (Hendrickson Publishers, Inc., 1992).

55) 예수님은 제자들이 박해와 주후 70년의 예루살렘 함락의 결과로 주변 세계로 흩어질 것을 알고 계셨

을 것이다. 그러나 나는 예수님이 "나가는 것"에 대해서만 말씀하신 것이라고는 생각하지 않는다. 이러한 외부 요인에 의해 흩어지기 전에도 이미 예루살렘교회는 이스라엘 전역에 말씀을 전파하고 있었으며, 이방 나라들에 선교사들을 파송하기도 했기 때문이다. 그러므로 예수님은 복음 전도와 선교의 "나가는 것"을 일차적으로 말씀하고 계셨다고 볼 수 있다.

56) 뉴욕의 리디머장로교회에서 매우 포괄적이고 유용한 자료들을 제공하고 있다. 이에 대한 자세한 정보는 이 교회의 홈페이지(www.Redeemer.org)에서 얻을 수 있다.

57) "How Small Groups Are Transforming Our Lives," by Robert Wuthnow, in *Christianity Today*, February 7, 1994, p.23.

58) 상게서.

59) 뉴욕 리디머장로교회의 1994년판 『Fellowship Group Handbook』에서 인용.

60) 제리 브릿지스, 전게서.

61) 성경적인 교회 권징에 관해 더 알기 원한다면, 웨인 맥(Wayne Mack)과 데이브 스워블리(Dave Swavely)가 공저한 『Life in the Father's House』(교회 생활), 또는 제이 아담스(Jay Adams)의 『Handbook of Church Discipline』(제자훈련 핸드북)을 참고하라.

62) 이 책은 미국 Tyndale House에서 1999년에 출판했다.